高校健美操教学训练一体化研究

徐 妍◎著

武汉理工大学出版社
·武汉·

内容提要

本书主要对高校健美操教学训练一体化的理论与实践进行研究。首先介绍健美操基础知识；其次分析高校健美操教学与训练的基本理论、发展情况以及改革策略；再次围绕高校健美操教学训练一体化的理论与实施、健美操教学训练一体化模式的多元构建及应用、高校高水平健美操运动队教学训练一体化展开深入细致的研究；最后从实践层面研究高校健美操技能学练，包括健身健美操、竞技健美操以及健美操拓展项目的技能学练。通过本书研究，能够为提升高校健美操教学质量和训练水平、推动高校健美操教学与训练的协同发展提供科学参考与借鉴。

图书在版编目（CIP）数据

高校健美操教学训练一体化研究 / 徐妍著. -- 武汉：武汉理工大学出版社，2024.9. -- ISBN 978-7-5629-7244-0

Ⅰ . G831.32

中国国家版本馆 CIP 数据核字第 2024PB2240 号

责任编辑：	严　曾
责任校对：	尹珊珊　　排　版：任盼盼
出版发行：	武汉理工大学出版社
社　　址：	武汉市洪山区珞狮路 122 号
邮　　编：	430070
网　　址：	http：//www.wutp.com.cn
经　　销：	各地新华书店
印　　刷：	北京亚吉飞数码科技有限公司
开　　本：	710×1000　　1/16
印　　张：	14.25
字　　数：	225 千字
版　　次：	2025 年 3 月第 1 版
印　　次：	2025 年 3 月第 1 次印刷
定　　价：	95.00 元

凡购本书，如有缺页、倒页、脱页等印装质量问题，请向出版社发行部调换。
本社购书热线电话：027-87391631　87664138　87523148

·版权所有，盗版必究·

前　言

健美操是广受高校大学生喜爱的一项运动,近年来在高校得到了较好的普及与发展。健美操融合了体育、舞蹈、音乐等诸多元素,时尚又充满活力,不仅能够对大学生的身心健康起到促进作用,还能够帮助大学生塑造体形、减肥降脂、提高身体灵活性与协调性以及提升艺术修养。因此,大学生参与健美操运动能够获得全面的发展,展示个性,彰显青春活力。随着大学生对健美操运动的需求持续高涨,以往的健美操教学与训练模式已经不能满足现实需求,教学方面主要表现为教学内容单一,教学方法落后,教学评价不全面;训练方面主要表现为训练方式单调、训练负荷不合理、训练机制落后、训练与竞赛联系不紧密等。这些普遍存在的教学问题与训练问题既影响了健美操教学的顺利开展和教学质量,又制约了高校健美操人才的培养。为了提高我国高校健美操运动的发展水平,必须改变传统的健美操教学与训练模式,协调健美操教学与训练的关系,构建适应大学生特点、需求的综合性教学训练体系,使大学生从健美操教学训练一体化过程中获得更多收益。基于此,作者在查阅大量相关著作文献的基础上,精心撰写了本书。

本书共七章,第一章是健美操运动概论,主要阐述健美操运动的基础知识,包括健美操的概念与分类、特点与价值、基本术语以及音乐文化。第二章是高校健美操教学与改革发展,首先分析高校健美操教学理论,包括教学理念、教学原则与方法、教学组织与实施,然后对高校健美操教学现状进行调查分析,最后根据高校健美操教学现状与问题提出改革与创新的策略和建议。第三章是高校健美操训练与改革发展,首先分析高校健美操训练理论,包括训练原理、训练原则与方法、训练计划设计,然后对高校健美操训练现状与问题进行调查分析,最后基于现状提出训练的改革与创新方法。第四章是高校健美操教学训练一体化的理论与实施,内容主要包括高校健美操教学训练一体化的内涵、一体化的有效性、一体化模式构建与预期效果,以及一体化的具体内容与实施方法。第五章是高校健美操教学训练一体化模式的多元构建及应用,包括高校健美操课内外一体化模式、健美操教学与体能训练一体化模式以及健美操教学与形体训练一体化模式的构建及应用。第六章是高校高水平健美操运动队教学训练一体化研究,首先介绍"体教融合"与"学训结合"的理论,然后分析高校高水平健美操运动队发展现状与学训矛盾,最后提出推动高校高水平健美操运动队教学训练一体化的策略。第七章探讨高校健美操技能学练科学指导,包括健身健美操技能学练、竞技健美操技能学练以及健美操拓展项目技能学练。

  总体上,本书主要研究高校健美操教学训练一体化模式,在介绍健美操基础理论的基础上,着重分析了高校健美操教学与训练的理论、现状以及改革创新的发展建议,从而为高校健美操教学与训练工作的开展提供科学的理论指导和有效的改革建议,促进高校健美操教学质量与训练水平的提升。此外,鉴于高校健美操教学与健美操训练紧密联系,二者若长期处于分割状态则不利于高校健美操的可持续发展,因此,本书为高校健美操教学与训练提出改革方向和发展建议后,重点围绕高校健美操教学与训练的一体化进行了研究,包括构建健美操教学训练一体化模式、合理应用健美操教学训练一体化的多元模式,从而为高校健美操教学与训练的融合发展提供指导。最后,本书从实践层面提出健美操技能学练,为大学生学习健美操技能和提高技能水平提供实用指导。整体上,本书主题鲜明,结构合理,层次清晰,内容丰富,理论与实践有机结合,希望本书能够为促进高校健美操教学训练一体化的运作提供有效指导,为高校健美操的可持续发展做出贡献。

  本书在撰写过程中参考并借鉴了很多专家、学者的研究成果,在此表示诚挚的感谢。由于作者水平有限,书中难免有不妥与疏漏之处,敬请广大读者批评指正。

湖北大学知行学院 徐妍
2024 年 3 月

目 录

第一章 健美操运动概论 … 1
第一节 健美操的概念与分类 … 1
第二节 健美操的特点与价值 … 4
第三节 健美操基本术语 … 14
第四节 健美操音乐文化 … 24

第二章 高校健美操教学与改革发展 … 28
第一节 高校健美操教学新理念 … 28
第二节 高校健美操教学的原则与方法 … 35
第三节 高校健美操教学的组织与实施 … 44
第四节 高校健美操教学现状分析 … 51
第五节 高校健美操教学改革与创新 … 53

第三章 高校健美操训练与改革发展 … 64
第一节 高校健美操训练的基本原理 … 64
第二节 高校健美操训练的原则与方法 … 74
第三节 高校健美操训练计划设计 … 80
第四节 高校健美操训练现状分析 … 86
第五节 高校健美操训练改革与创新 … 88

第四章 高校健美操教学训练一体化的理论与实施 … 95
第一节 高校健美操教学训练一体化的内涵 … 95
第二节 高校健美操教学训练一体化的有效性 … 96
第三节 高校健美操教学训练一体化的模式构建与预期效益 … 97

第四节　高校健美操教学训练一体化的具体内容与
　　　　　　实施方法……………………………………………… 105

第五章　高校健美操教学训练一体化模式的多元构建及应用………… 112
　　第一节　高校健美操课内外一体化模式的构建及应用……… 112
　　第二节　高校健美操教学与体能训练一体化模式的
　　　　　　构建及应用……………………………………………… 119
　　第三节　高校健美操教学与形体训练一体化模式的
　　　　　　构建及应用……………………………………………… 124

第六章　高校高水平健美操运动队教学训练一体化研究……………… 135
　　第一节　"体教融合"与"学训结合"的理论探索 …………… 136
　　第二节　高校高水平健美操运动队发展现状与
　　　　　　学训矛盾分析…………………………………………… 141
　　第三节　推动高校高水平健美操运动队教学训练
　　　　　　一体化的策略…………………………………………… 144

第七章　高校健美操技能学练科学指导………………………………… 156
　　第一节　健身健美操技能学练指导……………………………… 156
　　第二节　竞技健美操技能学练指导……………………………… 179
　　第三节　高校健美操拓展项目技能学练指导…………………… 192

参考文献……………………………………………………………………… 218

第一章

健美操运动概论

　　健美操是休闲与健身相结合的体育运动,这项运动不仅能够促进人的身心健康,还能够对人们进行美的教育,提高人的审美素养。近年来,高校越来越重视开设健美操课程,将健美操作为体育教学中的全面育人手段来培养大学生的综合素质。大学生学习健美操课程和参与健美操运动,首先要从理论知识着手,充分了解健美操的概念与分类、特点与价值、基本术语与音乐文化。本章主要对健美操的这些基础理论知识展开介绍。

第一节　健美操的概念与分类

一、健美操的概念

　　健美操是在音乐伴奏下,以身体练习为基本手段,以有氧运动为基础,达到增进健康、塑造形体和以娱乐为目的的一项体育运动。健美操是一种典型的有氧健身运动,练习方式比较多样化,人们既可以徒手跳健美操,也可以手持各种轻器械跳健美操。在运动过程中,要保证充足的氧气供应,因此在机体供能方面有氧供能系统发挥主要作用。健美操运动是全身性运动,以中低强度为主,在练习过程中要突出"健""力""美"的特点,融身体语言艺术和体育美学于一体,具有观赏性。

每次跳健美操都要持续一定时间,因此对参与者的有氧耐力素质提出了一定的要求,也起到了锻炼有氧耐力和心肺功能的作用。

健美操运动具有非常重要的促进健康作用,能够帮助人们提高身体机能水平和身体素质水平、控制体重、塑造体形、陶冶情操、愉悦心情、提升审美素养以及防病治病,这些丰富的功效使健美操受到不同年龄段健身人群的喜爱。正因如此,健美操虽然在我国发展历史较短,但却拥有了广泛的群众基础。

二、健美操的分类

健美操根据其目的和性质的不同,主要分为健身性健美操、竞技性健美操和表演性健美操三种类型(图1-1)。

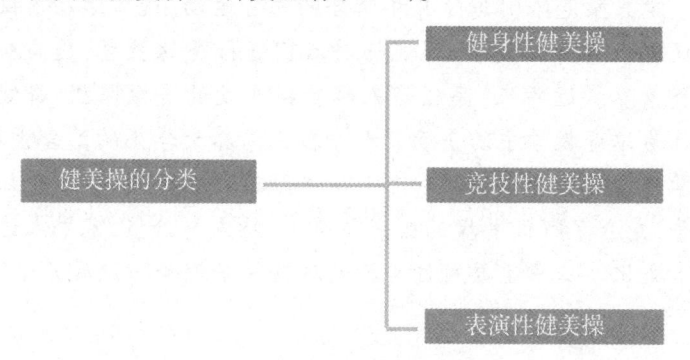

图 1-1　健美操的分类

（一）健身性健美操

健身性健美操又称为"大众健美操",是以身体锻炼为基本手段,伴随音乐伴奏的一种增进健康、愉悦身心的体育健身项目,它主要侧重于通过一系列的动作和节奏,帮助参与者达到锻炼身体、提高健康水平的目的。这种类型的健美操通常不需要过高的技巧或体能,其动作设计相对简单,节奏明快,适合各年龄层次的人群参与。参与者可以根据自己的身体状况和需求进行针对性的锻炼,长期参与健身性健美操的人群,其心肺功能、肌肉力量以及身体柔韧性都会有明显的提升,还有助于预防和改善一些慢性疾病。

(二)竞技性健美操

竞技性健美操是一项在音乐伴奏下表现连续、复杂、高强度成套动作的运动项目。这是一种更为专业化和竞技化的健美操形式,它要求参与者具备较高的体能、技巧和表现力。在这种类型的健美操中,参与者通过高难度的技巧动作、精准的节奏感以及独特的创意来展现自己的实力和魅力。竞技性健美操通常以比赛为主要目的,参赛者不仅要具备良好的身体素质和高超的技术水平,还需要具备良好的心理素质、坚韧不拔的意志品质以及高度的团队协作精神。参赛者往往需要经过长时间的训练和准备才会有理想的表现和成绩。

(三)表演性健美操

表演性健美操是以表演的形式将健美操动作呈现给观众。这类健美操侧重于展示和观赏,将健美操与舞蹈、音乐等元素相结合,形成一种更具观赏性和艺术性的表演形式。表演性健美操动作设计多样,既包含高难度的技巧动作,也融入优美的舞蹈元素,同时配以动听的音乐和精美的服装,使整个表演更具艺术性和观赏性。表演性健美操常常在各种文艺演出、庆典活动或音乐会上出现,通过丰富的动作编排和华丽的表演形式,为观众带来视觉和听觉的享受。参与表演的舞者需要具备良好的身体素质和舞蹈技巧,同时还要有出色的表现力和感染力,从而在舞台上尽情展示自己的才华和魅力。

总体来说,健身性健美操、竞技性健美操和表演性健美操各具特色,各自具有独特的功效,但都能够促进身体健康和增强体质。在健美操的未来发展中,这三种形式的健美操将继续在人们的日常生活中发挥重要作用,为人们的健康生活增添更多色彩和乐趣。

第二节 健美操的特点与价值

一、健美操的特点

（一）健身性健美操的特点

健身性健美操是一种基础的健美操运动形式，它结合了舞蹈、体操和音乐等元素，以其独特的魅力吸引了越来越多的人参与其中，其具有以下几个鲜明的特点。

1. 广泛的群众基础

随着人们对健康和美的需求日益增加，越来越多的人开始关注并参与到健美操运动中。健身性健美操作为健美操的一种基础形式，吸引了大量健身达人和健美操业余爱好者的关注，积累了广泛的群众基础，并成为学校、社区、健身房的流行运动，普及性很强。

2. 节奏明快，动感十足

健身性健美操的音乐通常节奏明快，动感十足，能够激发人们的运动热情。配合着音乐的节奏，人们可以在舞动中找到乐趣，享受运动的快乐。同时，这种节奏明快的运动方式也有助于提高心肺功能，增强身体的耐力和抗疲劳能力。

3. 强调呼吸与动作的协调

健身性健美操强调运动过程中人体呼吸与动作的协调。正确的呼吸可以帮助运动者更好地调节节奏，保持稳定的心理状态。通过深呼吸，运动者可充分吸入氧气，为身体提供足够的能量，同时排出体内的二氧化碳，保持身体的健康状态。呼吸与动作的协调还能够提高运动者的运动表现,使他们在健美操运动中更加自如和流畅。

4. 全面锻炼身体

健身性健美操是一种全身性的有氧运动,通过各种动作的组合和变化,能够锻炼到身体的各个部位,包括肌肉、关节、韧带等。这种全面的锻炼方式有助于增强身体的柔韧性、力量、协调性和平衡感,提高身体的整体健康水平。

5. 适合各年龄段人群

健身性健美操适合各个年龄段的人群参与。无论是年轻人还是老年人,都可以通过健身性健美操来锻炼身体、提高身体健康水平。同时,针对不同年龄段的人群,还可以设计不同难度和风格的健身性健美操,以满足他们的个性化需求。

6. 强调健康与美的结合

健身性健美操不仅注重身体的锻炼效果,还强调健康与美的结合。通过合理的动作编排和音乐选择,健身性健美操可以帮助人们塑造健美的身材和良好的体态,展现出健康和自信的风采。

健身性健美操的上述特征为其成为一种备受欢迎的健身方式提供了可能,其也因此受到越来越多人的喜爱和追捧。

(二)竞技性健美操的特点

1. 高超的技巧性和艺术性

竞技性健美操要求运动员具备高超的技巧和艺术表现力。在比赛中,运动员需要展示各种复杂的操化动作、难度动作,这些动作需要准确、高质量地完成,以展现出他们的身体素质和技巧水平。同时,竞技健美操比赛还需要通过音乐、服装和舞台布置等手段,营造出独特的艺术氛围,让观众感受到运动员的创造力和表现力。

2. 强烈的竞技性和观赏性

竞技性健美操是一项高强度的竞技运动,运动员需要在比赛中展现出自己的最佳状态,争夺高分和荣誉。因此,这种运动具有很强的竞争性。同时,由于运动员需要完成各种高难度的动作和展现高超的艺术表现力,这使得竞技性健美操具有很高的观赏性。观众可以在比赛中欣赏到精彩纷呈的表演,感受运动员的拼搏精神和竞技实力。

3. 良好的身体素质和技术水平

由于竞技健美操比赛中的动作难度越来越大、要求越来越高,运动员必须具备良好的柔韧性、力量、平衡和耐力等身体素质。此外,他们还需要熟练掌握各种基础动作、难度动作和配合动作,以确保在表演中能够准确、流畅地完成成套动作,取得高分。

4. 默契的团队协作和配合

在团队比赛中,每个队员都需要明确自己的角色和职责,与其他队员保持紧密的沟通和配合。这种默契不仅体现在动作的同步性上,还体现在队员之间的情感交流和互动上。一个优秀的竞技性健美操运动队往往能够通过团队协作和默契配合达到令人惊叹的比赛效果。

(三)表演性健美操的特点

表演性健美操是一种独特的体育艺术形式,它将舞蹈、体操、音乐等多种元素融为一体,通过表演者的精湛技艺和优雅身姿,展现给观众极具观赏性和艺术性的表演盛宴。这种类型的健美操不仅要求表演者具备出色的身体素质和技巧,还需要他们具备丰富的艺术修养和表演经验。表演性健美操具有以下几项基本特征。

1. 技巧性

健美操表演中涉及一些难度动作和技巧,如翻腾、跳跃、旋转等,这些需要表演者经过长时间的刻苦训练才能熟练掌握。此外,表演性健美操还要求表演者在表演过程中保持高度的稳定性和协调性,以确保整个表演的连贯性和流畅性。

2. 娱乐性

作为一种体育艺术形式,表演性健美操不仅能够展现表演者的技艺和才华,还能够为观众带来欢乐和享受。在表演过程中,表演者通过精湛的技巧和优美的身姿,将观众带入一个充满活力和激情的世界,使他们在欣赏表演的同时也能够感受到身心的愉悦和放松。

3. 创新性

随着时代的发展和观众审美需求的变化,表演性健美操也在不断进行创新和变革。表演者需要不断地探索新的动作、新的技巧和新的表演形式,以满足观众的需求和期望。这种创新性不仅体现在表演内容的更新上,还体现在表演形式的创新和变革上。

综上所述,健美操的特点,如图 1-2 所示。

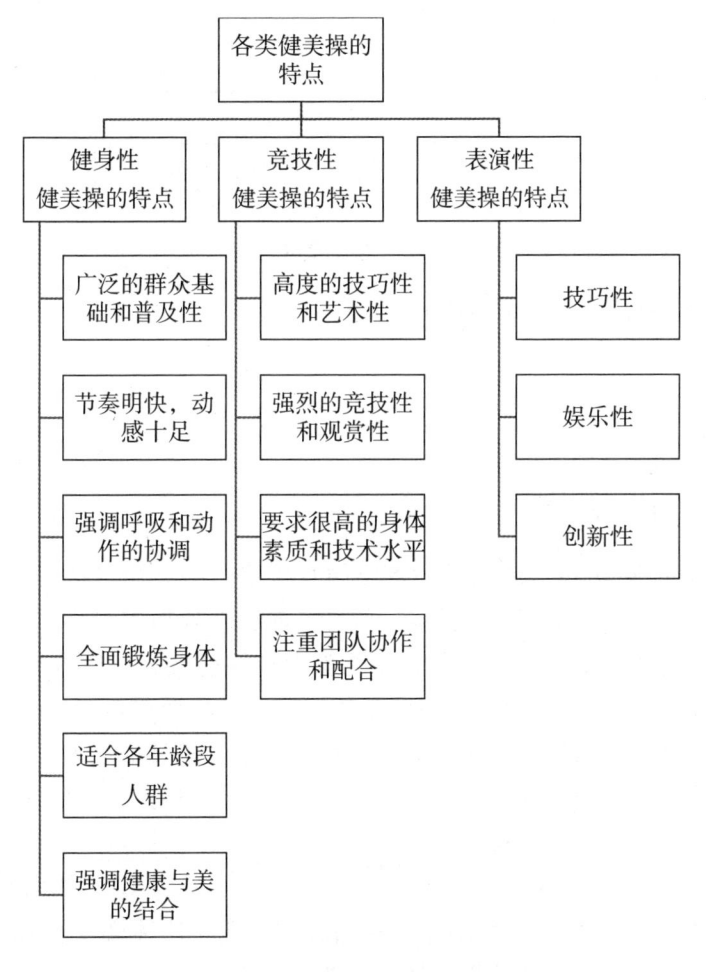

各类健美操的特点

健身性健美操的特点:
- 广泛的群众基础和普及性
- 节奏明快,动感十足
- 强调呼吸和动作的协调
- 全面锻炼身体
- 适合各年龄段人群
- 强调健康与美的结合

竞技性健美操的特点:
- 高度的技巧性和艺术性
- 强烈的竞技性和观赏性
- 要求很高的身体素质和技术水平
- 注重团队协作和配合

表演性健美操的特点:
- 技巧性
- 娱乐性
- 创新性

图 1-2 健美操的特点

二、健美操的价值

健美操的价值体现在多个方面,大致可以概括为健身价值、心理价值、审美价值、教育价值和社会价值,如图1-3所示。

```
健美操的价值 ─┬─ 健身价值
              ├─ 心理价值
              ├─ 审美价值
              ├─ 教育价值
              └─ 社会价值
```

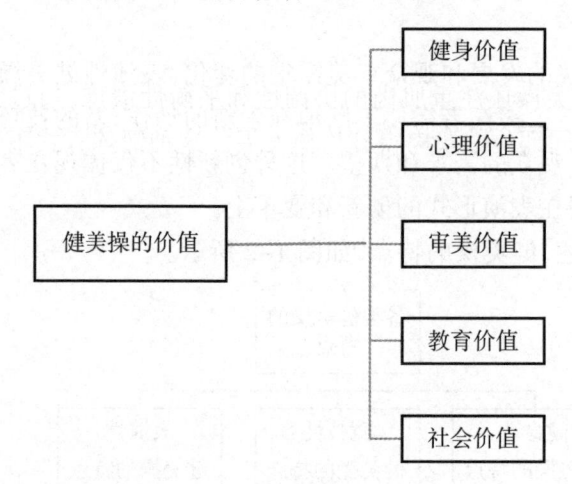

图1-3 健美操的价值

下面具体分析健美操的五大价值。

(一)健美操的健身价值

1. 提升心肺功能

提升心肺功能是健美操的重要健身价值之一。通过持续的健美操锻炼,完成各种跳跃、跑步、踢腿等动作,能够有效地增强心肺系统的功能,提高身体的耐力水平。长期参与健美操锻炼的人,其心肺功能普遍优于不锻炼的人群。健美操锻炼能够促使心脏更加高效地泵血,增加肺部的通气量,从而提高身体对氧气的利用效率。这种锻炼方式不仅能够改善心肺功能,还有助于降低心脏病、高血压等慢性疾病的发病风险。

此外,健美操的多样性和趣味性也是其提升心肺功能的重要因素。通过结合音乐、舞蹈等元素,健美操能够激发参与者的兴趣和热情,使他们在愉悦的氛围中不知不觉地提高心肺功能。这种寓教于乐的方式,不仅有助于培养人们的锻炼习惯,还能够促进身心健康。

2. 增强肌肉力量

健美操作为一种全身性的运动，对于增强肌肉力量具有显著的效果。通过一系列的动作组合，健美操能够有效地锻炼全身的肌肉群，提高肌肉的耐力和力量。健美操中的许多动作需要肌肉频繁收缩和放松，这种反复的刺激能够促进肌肉纤维的增粗和增多，从而提高肌肉的力量。同时，健美操还注重肌肉的协调性和平衡性锻炼，通过多样化的动作组合，使不同部位的肌肉得到均衡发展。这种锻炼方式不仅能够增强肌肉的力量，还能够提高身体的灵活性和稳定性。

（二）健美操的心理价值

1. 缓解压力

在现代社会中，压力无处不在，无论是工作、学习还是生活，都可能给人们带来一定的压力。健美操作为一种集健身、娱乐和审美于一体的体育运动，其在缓解压力方面发挥着不可忽视的作用。健美操锻炼有助于减轻压力对身体的负面影响。

从心理学角度分析，健美操锻炼能够刺激身体释放内啡肽等快乐激素，这些激素有助于提升人的情绪状态，减轻焦虑和压力感。同时，健美操的节奏感和韵律感也能帮助人们暂时忘却烦恼，投入运动的快乐中。此外，健美操的社交属性也不容忽视，人们在锻炼过程中可以结交新朋友，分享彼此的经验和感受，这种社交互动也有助于缓解压力。

运动是缓解压力的最好方式之一。健美操作为一种全身性的运动，不仅能够锻炼身体，提高身体素质，更能在心理上为人们带来积极的影响。因此，我们应该积极推广健美操运动，让更多的人了解并享受到它带来的健康和快乐。

2. 增强自信心

健美操作为一种全身性的运动方式，对于增强个体的自信心具有显著的作用。通过持续的健美操练习，人们不仅能够塑造健美的体型，提升身体素质，更能在心理上获得自信心的增强。健美操能够刺激大脑释放神经递质，这些神经递质有助于提升个体的情绪状态和自我满足感，从而增强自信心。

此外,健美操作为一种团体运动,为参与者提供了一个相互鼓励、共同进步的平台。在团队中,每个成员都能够感受到来自同伴的支持和认可,这种积极的社交互动有助于个体自信心的建立。可以说健美操是一个能够让人们相互赞赏、共同成长的舞台。

3.促进社交互动

健美操作为一项集体性运动,为参与者提供了一个良好的社交平台。在健美操运动中,参与者需要相互合作、配合,共同完成各种动作。这种互动不仅增强了参与者之间的默契和信任,还促进了彼此之间的交流和沟通。据研究,参与健美操活动的人们在社交互动方面表现出更高的活跃度和满意度,他们更容易与他人建立联系,分享彼此的经验和感受。

健美操比赛和表演活动不仅能够提高参与者的健美操技能水平,还能为他们提供了一个展示自我、结交新朋友的机会。参与者在比赛中相互鼓励、支持,共同追求更高的运动目标,这种积极的社交互动对他们的身心健康产生了积极的影响。

健美操的社交价值还体现在其跨文化交流方面。在全球化的背景下,健美操作为一种国际性的运动,吸引了来自不同国家和文化背景的人们参与。他们在共同的学习和练习过程中分享各自的文化和经验,增进了彼此之间的了解和尊重。这种跨文化交流不仅丰富了健美操的内涵,也为参与者们带来了更广阔的视野和更深刻的人际体验。

健美操作为一种促进社交互动的运动形式,不仅有助于个人身心健康,还能推动社会的和谐发展。通过参与健美操活动,人们可以建立更紧密的人际关系、拓展社交圈子,共同创造一个更加美好、和谐和充满活力的社会环境。

(三)健美操的审美价值

1.提高身体协调性

健美操对于提高人的身体协调性具有显著的效果。在健美操练习中,身体各部分需要协同工作,完成各种复杂的动作组合,这不仅能够锻炼肌肉,提高身体的柔韧性,更能够锻炼大脑对身体各部分的协调能力。长期进行健美操锻炼的人,其身体协调性明显优于一般人,这得益于健美操对身体各部分肌肉的均衡锻炼和对大脑协调能力的训练。

身体协调性较差的人可能经常因为动作不协调而在运动中受伤,而坚持参加健美操运动,不仅能够使身体变得更加灵活,而且还能减少因为动作不协调而导致受伤的情况。健美操让人们学会了如何更好地控制自己的身体,使各部分肌肉协同工作,有效提高了身体的协调性和稳定性。

2. 塑造健美体型

健美操对于塑造健美体型具有显著的效果。健美操能够有效地锻炼全身的肌肉,提高肌肉的力量和耐力,而且通过不断地拉伸、收缩肌肉,使肌肉更加紧致,线条更加优美。健美操中一些伸展和柔韧性的练习也能够有效地改善身体的姿势和线条,使身体更加挺拔和优雅。同时,健美操能够提高身体的协调性,使身体的各个部位更加协调,从而呈现出更加完美的身材比例。健美操还能促进脂肪的燃烧,减少体内脂肪堆积,达到减肥的效果,从而使身体更加健康和美丽,进而提升个人的自信心和魅力。

3. 提高艺术鉴赏力

健美操在提高艺术鉴赏力方面也发挥着独特的作用。健美操作为一项融合了舞蹈、体育和音乐的运动,它通过身体的语言向人们传递着美的信息和艺术的魅力。

通过参与健美操实践,人们不仅能够锻炼身体,还能在潜移默化中提升自己的艺术修养和鉴赏能力。健美操的动作编排往往融合了多种舞蹈元素,如现代舞、民族舞、街舞等,这些舞蹈元素不仅丰富了健美操的表现形式,也为参与者提供了感受不同舞蹈艺术魅力的机会。在学习健美操的过程中,人们可以接触到各种舞蹈风格的韵律和美感,从而拓宽自己的艺术视野。

此外,健美操的表演形式也多种多样,丰富的表演形式要求参与者不仅要有良好的身体素质和舞蹈技巧,还需要具备一定的艺术表现力和创造力。通过参与健美操表演,人们可以锻炼自己的舞台表现力和艺术创造力,从而提升自己的艺术鉴赏力。

艺术鉴赏力的提升并非一蹴而就,而是需要长期的积累和实践。通过不断地学习和练习健美操,人们可以逐渐掌握健美操的技巧和精髓,从而更深入地理解和欣赏健美操的艺术内涵。

(四)健美操的教育价值

1. 培养团队合作精神

健美操作为一种集体性运动,对于培养团队合作精神具有显著的效果。在健美操的练习中,团队成员需要相互协作,共同完成成套动作。这种协作不仅要求每个人具备较高的个人技能,更需要他们之间的默契和配合。高度的默契和良好的协作能力使队伍能够共同应对各种挑战和变化,这不仅有助于提升运动表现,更能够为人们的学习、工作、生活奠定坚实的基础,带来无限的益处。

健美操的团队合作还体现在教练与队员之间的互动中。教练需要针对每个队员的特点和优势进行合理的动作编排和角色安排,而队员则需要充分理解和执行教练的意图和要求。这种互动不仅有助于提升队员的技能水平,更能够提升他们的团队协作能力和沟通能力。

2. 增强纪律性

在健美操训练过程中,参与者应在团队合作和遵守规则方面表现出更高的自律性和纪律性。健美操的纪律性要求主要体现在对训练计划的执行上。参与者需要按照教练的安排,按时训练,按要求完成规定的动作和组数。这种有计划的训练方式有助于培养参与者的时间管理能力和自律性,并促进参与者更好地适应集体环境,遵守团队纪律。

3. 促进全面发展

健美操作为一种综合性体育运动,对于促进人的全面发展具有显著作用。在身体健康方面,健美操通过提升心肺功能、增强肌肉力量,为个体的身体健康奠定坚实的基础。在心理层面,健美操同样发挥着不可替代的作用,如缓解压力、增强自信心和促进社交互动,为个体心理健康提供有力的支持。此外,健美操还具有审美价值。能够提高身体协调性、塑造健美体形和提高艺术鉴赏力,使个体在审美素养上得到提升。此外,健美操还能够培养团队合作精神、增强纪律性、提高社会适应能力,为个体的全面发展提供有力的支持和保障。

(五)健美操的社会价值

1. 推广健康生活方式

推广健康生活方式是当今社会的重要议题,而健美操作为一种全面锻炼身体的运动,在推广健康生活方式方面具有独特的优势。健美操对人的身心健康和全面发展十分有益,成为越来越多人追求健康生活、改善生活方式和提升生活品质的选择。未来,随着人们对健康生活方式的认识不断提高,健美操将会发挥更加重要的作用,帮助更多人养成健康的生活习惯,从而助力健康中国建设,促进全民健康。

2. 促进体育文化交流

健美操作为一种融合了音乐、舞蹈和体育等元素的运动,以其独特的魅力成为促进体育文化交流的重要载体。通过健美操的推广和传播,不同国家和地区的体育文化得以相互借鉴和融合,丰富了世界体育文化的多样性。

以奥运会为例,健美操作为表演项目之一,吸引了来自世界各地的观众。各国人民通过共同参与和欣赏健美操表演,不仅增进了对彼此文化的了解,还增进了友谊,促进了合作。这种跨文化的交流,有助于推动世界体育文化的共同发展和进步。

此外,健美操的普及和推广也促进了不同文化背景下的体育交流。在国际健美操比赛中,来自不同国家和地区的选手同台竞技,展示了各自独特的风格和技巧。这种交流不仅提高了选手的竞技水平,也促进了各国体育文化的相互学习和借鉴。

通过健美操的推广和交流,我们可以更好地理解和欣赏不同文化背景下的体育魅力,促进体育文化的繁荣与发展。

3. 增强社会凝聚力

健美操作为一种普及性极强的体育运动,不仅具有健身价值、心理价值、审美价值和教育价值等多重价值,更在增强社会凝聚力方面发挥着重要的作用。社会凝聚力是指社会成员之间的紧密联系和团结一致的程度，它对于社会的稳定和发展至关重要。

首先，健美操活动通常是在社区、学校等公共场所进行的，这为人们创造了一个相互接触和互动的机会。在共同的目标下，参与者相互协作，配合默契，这种合作不仅锻炼了身体，更增进了彼此之间的了解和信任，还建立了深厚的友谊和紧密的人际关系。

其次，健美操作为一种文化现象，具有强大的传播力和影响力。它通过优美的动作、动感的音乐和欢快的节奏，传递着积极向上的生活态度和健康的生活方式。这种文化的传播不仅丰富了人们的文化生活，更在潜移默化中增强了社会的凝聚力。

最后，健美操的普及和推广也为社会创造了巨大的经济效益。随着人们对健康生活方式的不断追求和对美的强烈向往，越来越多的人加入健美操运动中来，广泛的群众基础不仅促进了健美操相关产业的发展壮大，更为社会创造了大量的就业机会和可观的经济效益。经济效益的提升也在一定程度上增强了社会凝聚力。

第三节　健美操基本术语

一、健美操术语的基本知识

（一）健美操术语的概念

健美操术语是人们在健美操发展过程中经过不断总结、提炼，最终归纳出来的用来描述健美操运动中的动作名称、动作过程等的专业语言。其以专业、准确、简明的优点在健美操运动中占有重要地位，无论是日常健身、运动训练，还是上场竞赛和理论研究，都会用到这种专业交流工具。

(二)健美操术语的特点

1. 专业性与准确性

健美操术语具有高度的专业性和准确性。这些术语往往是由专业教练、学者和专家经过长期实践和研究,根据健美操动作的特点和规律精心提炼而成的。它们不仅准确描述了每个动作的名称、步骤和要点,还反映了动作的技术要求和运用效果。例如,"侧踢腿""前屈体"等术语,都准确地描述了运动员在练习过程中的身体姿态和动作方向。

2. 形象性与生动性

健美操术语通常具有形象性和生动性。这些术语往往采用形象化的词汇和生动的比喻,使人们能够直观地理解动作的要领和需要达到的效果。例如,"飞鸟展翅"等术语,通过形象化的比喻,使人们生动地感受到运动员在完成动作时的身体姿态和动态美感。

3. 系统性与层次性

健美操术语还具有系统性和层次性。健美操动作种类繁多,但每个动作都有其独特的术语描述。这些术语按照一定的分类和层次结构进行排列,形成了一个完整、系统的术语体系。这使得健美操术语既能够清晰地表达每个动作的特点,又能够体现出整个健美操运动的系统性和层次性。

4. 国际性与通用性

随着健美操运动的国际化发展,其术语也逐渐具有了国际性和通用性特征。许多健美操术语在国际范围内得到了广泛认可和使用,成为国际健美操交流和比赛的基本语言。这使得不同国家和地区的健美操爱好者能够通过共同的语言进行沟通和交流,促进了健美操运动的国际化传播和发展。

5. 发展性与创新性

健美操术语还具有发展性和创新性。随着健美操运动的不断发展和创新,新的动作和技巧不断涌现,新的术语也随之产生。这些新术语不仅反映了健美操运动的新趋势和特点,也推动了健美操术语体系的不断发展和完善。健美操术语的特点如图 1-4 所示。

```
                    ┌──────────────────┐
                    │  健美操术语的特点  │
                    └──────────────────┘
                              │
        ┌─────────────────────┼─────────────────────┐
        │                                           │
┌──────────────┐                            ┌──────────────┐
│ 专业性与准确性 │                            │ 形象性与生动性 │
└──────────────┘                            └──────────────┘
        │                                           │
┌──────────────┐                            ┌──────────────┐
│ 系统性与层次性 │                            │ 国际性与通用性 │
└──────────────┘                            └──────────────┘
        │
┌──────────────┐
│ 发展性与创新性 │
└──────────────┘
```

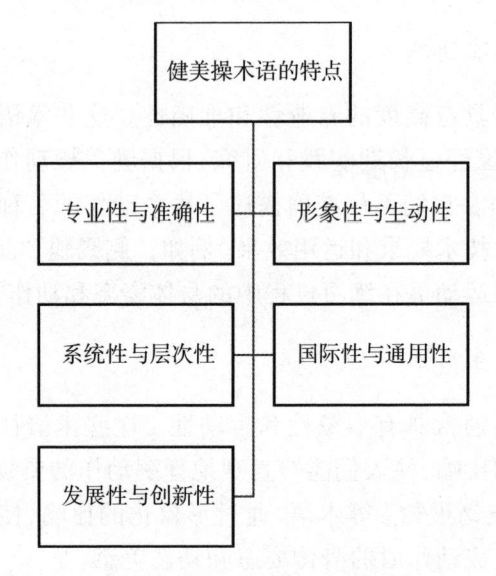

图 1-4　健美操术语的特点

（三）健美操术语的重要性

健美操术语作为健美操运动的重要组成部分,不仅为教练和运动员提供了统一、准确的语言沟通工具,更是推动健美操运动规范化、科学化和国际化的关键。术语的精准使用,能够确保每一个动作、每一个节奏都得到准确传达和执行,从而提升整个健美操表演或训练的效果。

健美操术语的重要性体现在多个方面。首先,对于初学者而言,术语是他们接触健美操的第一步,通过术语的学习,他们能够快速了解健美操的基本结构和动作要求,为后续的深入学习打下基础。其次,对于专业教练和运动员来说,术语是他们进行训练、编排和比赛的重要工具。一个准确的术语,往往能够迅速传达出教练的意图,帮助运动员快速理解并执行动作,从而提高训练效率和比赛成绩。以国际健美操锦标赛为例,各国选手在赛场上展现出的精湛技艺和默契配合,背后都离不开对健美操术语的深入理解和熟练运用。正是这些精准的术语,确保了选手们能够在短时间内准确完成复杂的动作组合,展现出高水平的竞技状态。

此外，健美操术语的标准化和国际化也是推动健美操运动全球发展的重要因素。通过统一的术语标准，不同国家和地区的健美操爱好者可以更加便捷地交流和分享经验，从而推动健美操运动的全球普及和提高。

二、健美操基本术语解释

（一）场地方位术语

一般借鉴舞蹈中的基本方位术语来说明健美操运动中人的身体在场地上所处的方位。把开始确定的某一边（主席台、裁判席）定为基本方位的第一点，按顺时针方向，每45°为一个基本方位，将场地划分为1、2、3、4、5、6、7、8点，共8个基本方位（图1-5）。

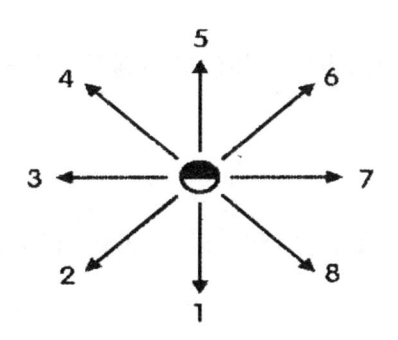

图1-5 健美操场地方位

上图从1点到8点分别表示的方位如下：
1点表示正前方；
2点表示右前方；
3点表示正右方；
4点表示右后方；
5点表示正后方；
6点表示左后方；
7点表示正左方；
8点表示左前方。

（二）运动形式术语

运动形式术语主要描述动作的形式或者技术要求。健美操常见动作形式术语如下。

1. 举

指手臂或腿向上抬起，停在一定位置，如侧平举、举腿。

2. 屈

身体某一部分形成一定角度，如屈腿、双臂胸前平屈。

3. 伸

身体某一部分形成一定角度后伸直，如伸臂、侧伸。

4. 摆

肢体在某一平面内由一个部位运动到另一个部位，不超过180°，如摆臂、后摆。

5. 绕

身体某部分转动或摆动180°以上（360°以上称绕环），如绕髋、肩绕环。

6. 踢

腿由低向高做加速有力的摆动动作，如剪踢、弹踢。

7. 交叉

肢体前后或上下交叠成一定角度，如十指交叉、交叉步。

8. 转体

绕身体纵轴转动的动作，如单脚转体、水平转体。

9. 平衡

用一只脚支撑地面,身体保持一定的静止姿态,如侧控腿平衡、燕式平衡。

10. 水平

身体保持与地面平行的一种静止动作,如分腿水平支撑、水平肘撑。

11. 波浪

指身体某部分邻近的关节按顺时针做柔和屈伸的动作,如手臂波浪、身体波浪。

12. 跳跃

双脚离地,身体腾空并保持一定的姿势,如团身跳、开合跳。

13. 劈叉

两腿分开成直线着地的姿势,如横叉、纵叉。

14. 梗

下颌内收、颈部伸直的动作,如梗头。

15. 提

由下向上做运动,如提臀、提肩。

16. 沉

身体某部分放松下降的动作,如沉肩、沉气。

17. 含

指两肩胛骨外开,胸部内收,如含胸。

18. 挺

一般指胸部或腹部向前展开,如挺胸、挺腹。

19. 振

身体某部位弹性屈伸或加速摆,如振胸、振臂。

20. 收

向身体正中线靠拢或还原到起始位置,如收臂、收腿。

(三)动作关系术语

1. 同时

不同部位之间的动作要在同一时间里完成。

2. 交替

不同动作重复进行。

3. 依次

不同的肢体相继做相同的动作。

4. 同侧

最初开始动作的肢体和同一个方向上的肢体动作配合。

5. 异侧

最初开始动作的肢体在不同方向上进行上肢或下肢动作配合。

6. 对称

左、右肢体做同样的动作,但是方向正好相反。

7. 不对称

左、右肢体做互不相同的动作。

（四）动作移动术语

动作移动就是身体根据参考点所出现的移位。

1. 原地

身体没有位移，在健美操运动中就是完成一个步伐后会回到原地。

2. 移动

身体向某个参考点所进行的位移。

3. 转体

身体围绕垂直轴转动后的度数，如转体90°。

4. 绕圈

以某一点为轴心，一定距离为半径所最终形成的圆圈。

（五）动作连接术语

当描述一个连续动作过程中，表达动作之间相互的关系，达到先后的顺序。

1. 由

动作最先开始的方位，如由内向外。

2. 经

动作在进行过程中所经过的位置，如两臂经体前交叉。

3. 成

动作完成的结束姿势，如左脚侧迈一步成马步。

4. 至

动作要达到一定的指定位置。

5. 接

两个单独动作能够连续完成,如团身跳接屈体分腿跳。

三、健美操术语的科学运用

(一)运用原则

运用健美操术语要遵循三项基本原则(图1-6)。

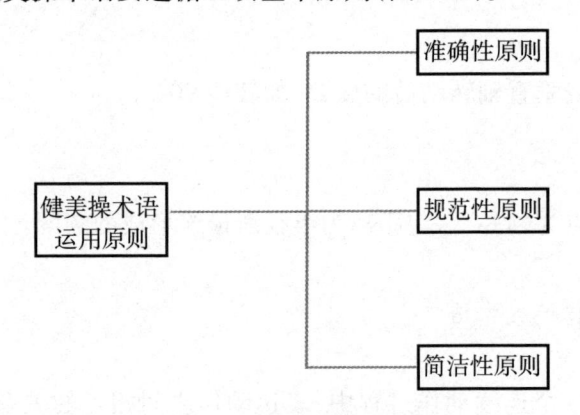

图1-6 运用健美操术语的原则

1. 准确性原则

在运用健美操术语时,首先要保证准确性,即所使用的术语要能够准确反映健美操动作的实际情况,避免产生歧义或误解。例如,在描述健美操中的跳跃动作时,应使用"并腿跳""开合跳"等术语,以准确表达跳跃的方式和特点。

2. 规范性原则

健美操术语的使用应遵循一定的规范,以确保术语的一致性和通用性。这包括术语的命名、定义、分类等方面。例如,在命名健美操动作时,应遵循一定的命名规则,如"基本步伐""难度动作"等,以便于理解和记忆。

3.简洁性原则

健美操术语的运用应遵循简洁性原则,即用尽量少的词汇表达清晰、准确的意思。这有助于提高术语的使用效率,方便健美操运动者或相关人员之间的交流。

(二)运用实践

在实际运用健美操术语时,我们需要注意以下几点。

1.结合动作特点进行描述

在描述健美操动作时,应结合动作的特点和要领,选择适当的术语进行表达。例如,在描述一个转体动作时,可以强调转体的方向、幅度或速度等要素,以便读者更好地理解和完成。

2.注重术语的连贯性和系统性

在运用健美操术语时,应注重术语的连贯性和系统性,即尽量使用一套完整、统一的术语体系,以便于读者更好地理解和掌握。同时,也要注意术语之间的逻辑关系和层次结构,避免出现混乱或重复的情况。

3.结合实例进行说明

为了更好地说明健美操术语的运用方法,我们可以结合具体的实例进行说明。例如,在描述一个完整的健美操套路时,可以逐一分析各个动作所使用的术语,以及这些术语如何准确地表达动作的特点和要求。

总之,准确、规范、简洁地运用健美操术语对于提高健美操运动水平、促进健美操运动的发展具有重要意义。随着健美操运动的不断发展和普及,健美操术语体系也将不断完善和丰富,为广大健美操爱好者和从业者提供更加全面、准确、实用的术语支持。

第四节 健美操音乐文化

一、健美操音乐的重要性

在健美操运动中，音乐扮演着至关重要的角色。首先，音乐为健美操提供了节奏和韵律。在健美操中，音乐不仅是背景音乐，更是引导动作的重要元素。通过音乐的节奏和韵律，运动者可以更好地掌握动作的速度、力度和节奏感，使动作更加流畅、自然。同时，音乐还能够激发运动者的兴奋感，使他们在运动中更加投入，更加享受跳健美操的乐趣。

其次，音乐有助于增强健美操的艺术性。健美操是一项艺术性很强的运动，它需要运动者通过身体语言来表达音乐的情感和意境。音乐的合理选择和搭配对于提升健美操的艺术效果至关重要。一首优美的旋律，可以激发运动者的灵感和情感，使他们更好地投入到动作的表现中，呈现出更加美妙的艺术效果。

最后，音乐还能够激发运动者的动力和自信心。在健美操中，音乐能够刺激运动者的神经，使他们的身体更加兴奋，产生更多的能量。这种能量可以转化为运动者的动力，使他们在运动中更加有力量、有耐力。同时，音乐还能够激发运动者的自信心。当运动者在音乐的伴奏下完成一套动作时，他们会感到自己更加自信、更加有成就感。

总之，健美操音乐的重要性不容忽视，在选择健美操音乐时，我们应该注重音乐与动作的融合，选择适合的音乐使运动者更好地享受健美操的乐趣，提升健美操的完成效果。

二、健美操音乐的类型

（一）爵士乐

爵士乐诞生于19世纪末20世纪初，最初发源于美国，是广泛流行的美国民间音乐。爵士乐是非洲文化和欧洲文化的结合，人们将黑人社会里婚丧嫁娶、社交场合上唱的、演奏的散拍音乐以及劳动歌曲进行总结，搭配欧洲音乐的和声方式，形成了一种全新的音乐形式。爵士乐是一种"喜庆"的音乐，经常表现出喜悦的氛围，感染力很强，通常情况下就算表达哀伤也会采取比较隐晦的方式。

爵士乐有很多鲜明的特点，比如是由很多连续不断的切分节奏构成完整旋律；表演形式一般是即兴表演；具有鲜明强烈的音色；和声非常丰富；节奏变化多端；采用强有力的打击乐器等。

（二）摇滚乐

摇滚乐是近年来非常流行的一种音乐类型，一般在乐队中占有非常重要的位置。摇滚乐是从爵士乐发展而来的，它继承了很多爵士乐的特点，如即兴表演、强烈的打击乐器等。不同的是摇滚乐的节奏有快有慢，一种相同的节奏会反复多次出现，给人一种强烈的、摇摆的感觉。

（三）迪斯科

迪斯科也是从爵士乐发展而来的一种音乐类型，它和爵士乐一样，选择使用大量的打击乐器，并且保留了爵士乐中的切分旋律。不同的是，迪斯科音乐中使用大量的单拍，并且多次重复这些拍子，以表现音乐的激情。此外，迪斯科音乐中一般会包含唱的部分，但是唱的部分一般不被重视，因为迪斯科音乐中节奏的"快"才是其真正的追求。

（四）轻音乐

轻音乐不是一种真正意义上的音乐类型，它泛指所有节奏轻松愉快、曲调生动活泼、内容简单明了的音乐。轻音乐的范围十分广泛,爵士乐、摇滚乐、迪斯科也可以算在轻音乐的范围内,我们大致可以将轻音乐划分成五个类型,分别是:第一类,轻松活泼的舞曲;第二类,电影音乐和戏剧配乐;第三类,通俗歌曲及流行歌曲;第四类,日常生活中的舞蹈音乐和民间曲调;第五类,轻歌剧。

三、健美操音乐的选择

健美操音乐的合理选择,对于激发运动热情、塑造良好的运动氛围以及最终提升运动效果起着至关重要的作用。对健美操音乐的合理选择需要充分考虑以下几点。

(一)明确健美操音乐的基本特点

健美操音乐通常具有节奏感强、旋律优美、速度适中等特点,能够与健美操动作紧密结合,帮助运动者更好地把握节奏、提高运动效果。因此,在选择健美操音乐时,我们首先要确保音乐符合这些基本要求,以便让运动者能够在音乐的引导下顺利完成健美操动作。

(二)考虑音乐与运动者的契合度

不同的运动者具有不同的性格、喜好和运动风格,因此,选择健美操音乐时要充分考虑这些因素。例如,对于性格活泼开朗的运动者,可以选择节奏明快、富有活力的音乐,以激发他们的运动热情;而对于性格内向、喜欢安静的运动者,则可以选择旋律优美、柔和舒缓的音乐,让他们在音乐中放松身心,享受健美操的乐趣。

(三)注重音乐的多样性

在健美操运动中,不同的动作需要配合不同的音乐,以达到最佳的运动效果。因此,在选择健美操音乐时,我们要注意音乐的多样性,选择不同风格、不同节奏的音乐,以满足不同动作的需求。例如,在热身阶段,可以选择节奏明快、动感十足的音乐,以迅速提高运动者的兴奋度;

而在正式运动阶段,则可以选择节奏稳定、旋律优美的音乐,帮助运动者更好地把握动作节奏,提高运动效果。

(四)注意音乐的品质

优质的健美操音乐不仅能够提升运动效果,还能让运动者在运动中感受到音乐的美妙。因此,在选择健美操音乐时,要选择品质上乘的音乐作品,确保音乐的清晰度和音质都达到最佳状态。

总之,合理选择健美操音乐有助于提升健美操运动效果,因此需要高度关注音乐的基本特点、音乐与运动者的契合度、音乐的多样性以及品质等因素,以确保所选音乐能够充分发挥作用。

第二章

高校健美操教学与改革发展

健美操运动对大学生来说具有增强体质、增进健康、塑形美体、陶冶情操、提高自信等诸多重要作用。因此，为促进大学生健康与全面发展，高校应高度重视开设健美操课程，构建与完善健美操课程教学理论体系，改革教学实践，提高健美操教学效果，使大学生对健美操运动保持持久的热情。本章主要对健美操教学理论、现状与改革发展进行研究，内容主要包括高校健美操教学新理念、教学原则与方法、教学组织与实施、教学现状及改革创新。

第一节 高校健美操教学新理念

一、素质教育理念

在当今社会，素质教育已成为教育领域的重要议题。素质教育是一种全面发展的教育理念，旨在培养学生的综合素质，如培养学生的创新精神、实践能力和社会责任感，强调学生的全面发展。高校健美操教学作为体育教育的一部分，与素质教育有着密不可分的关系。健美操运动集音乐、舞蹈、体操于一体，具有鲜明的节奏感和韵律感，能够激发学生的学习兴趣和热情。高校健美操教学在素质教育中发挥着重要的作用，主要表现为健美操运动能够全面锻炼学生的身体,提高学生的身体协调性和灵活性,增强学生的体质;在健美操教学中,学生需要相互配合,共同完成动作和队形变换,这有助于培养学生的团队协作能力和沟通能力;健美操教学鼓励学生发挥想象力,创作新的动作和组合,这有助于培养学生的创新思维和创造力;学生在健美操课上通过不断的练习和表演,可以逐渐克服紧张情绪,增强自信心和表现力。这些都是健美操教学的重要育人功能,与素质教育倡导的全面育人价值观高度契合。

高校健美操教学在培养学生健美操运动技能的同时,还要注重培养学生的综合素质,如团队协作能力、创新思维和自信心等,促进学生的全面发展。为了在高校健美操教学中更好地践行素质教育理念,需要不断丰富健美操教学内容,引入更多的元素和风格,以满足不同学生的需求和兴趣,同时也要适当增加实践教学环节,如组织校内外健美操比赛和演出等,让学生在实践中锻炼自己,实现综合素质的提升。

素质教育是一个长期的过程,需要学校、家庭和社会共同努力。高校健美操教学作为其中的一部分,应与其他教育手段相结合,共同为学生的成长和发展创造有利条件。只有这样,我们才能真正培养出既具备专业知识,又具有良好综合素质的优秀人才,为社会的繁荣和发展做出贡献。

二、快乐体育理念

快乐体育理念是一种注重个体体验、情感满足和身体健康的体育教育理念,它强调体育活动的愉悦性和趣味性,在体育活动中追求快乐、享受运动,注重培养个体的运动兴趣、自主锻炼能力和终身锻炼习惯,而非过分关注竞技成绩和比赛结果。快乐体育理念强调,体育活动应该是一种享受,而不是一种负担。在快乐体育理念的指导下,教师应该根据学生的兴趣、特长和身心发展水平设计多样化的体育教学内容和形式,让学生在参与体育活动的过程中感受到快乐和满足。

健美操教学作为高校体育教育的一部分,应引入快乐体育理念,以更加人性化、多样化的方式满足学生的需求,提高教学效果。健美操具有极高的艺术性和趣味性,在健美操教学中树立快乐体育理念,要求教师根据学生的兴趣和需求,设计多样化、趣味化的教学内容和方法,让学生在轻松愉快的氛围中学习健美操技能,感受健美操的魅力。

快乐体育理念还要求健美操教师在教学中注重学生的情感体验。教师可以通过选择富有节奏感的音乐、编排富有创意的舞蹈动作,营造出充满活力和创意的教学环境。在这样的环境中,学生能够更加积极地参与到健美操学习中。

快乐体育理念还强调学生的自主学习和合作学习。教师可以采用分组教学、角色扮演等教学方法,让学生在互相学习、互相帮助的过程中掌握健美操技能。这样的教学方式不仅能够提高学生的学习兴趣,还能够培养学生的团队协作能力和社会交往能力。

此外,快乐体育理念还注重学生的个性化发展。教师可以通过观察学生的表现和反馈,及时调整教学内容和难度,以满足不同学生的需求。教师还可以根据学生的兴趣和特长开展丰富多彩的课外健美操活动,让学生在更加广阔的舞台上展示自己的魅力。

三、课程思政理念

课程思政理念强调将思想政治教育与专业知识教育相结合,实现二者的有机统一。它要求教师在传授知识的同时,注重培养学生的道德品质、社会责任感和公民意识。这一理念的特点在于其全面性和渗透性,即不仅要在思政课程中加强思想政治教育,还要在其他各类课程中融入思政元素,实现全员、全程、全课程的育人目标。

全人教育旨在培养具备全面发展素质的人才,而课程思政理念正是实现这一目标的重要途径。首先,课程思政理念有助于培养学生的道德品质和社会责任感。通过将思想政治教育融入课程,可以引导学生树立正确的价值观,增强他们的道德自觉和社会责任感。其次,课程思政理念有助于提高学生的综合素质。通过将思政元素融入专业知识教育,可以培养学生的创新思维、批判性思维和实践能力,使他们在掌握专业知识的同时,也具备良好的综合素质。最后,课程思政理念有助于推动学生的个性化发展。在课程思政理念的指导下,教师可以根据学生的兴趣和特长,因材施教,促进学生的个性化发展。这种教学理念的推广和应用将对高校思政教育的整体发展产生积极的影响,推动高等思政教育质量的不断提升。

随着教育改革的不断深入,课程思政理念逐渐成为高等教育的重要指导思想。在高校健美操教学中,教师不仅要注重学生技能的培养,更要注重学生的思想政治教育,深入贯彻课程思政理念。通过将课程思政理念融入高校健美操教学中,能够培养学生的综合素质,使学生在团队合作中锻炼协作精神,在集体表演中增强荣誉感,在自我挑战中提升自信心和自律性。这些素质的提升将对学生的未来发展产生积极的影响,使学生更好地适应社会环境。

在高校健美操教学中树立思政教育理念,首先要加强思想政治引领。健美操教师在教学中应该注重对学生的思想教育,通过引导学生认识健美操的文化内涵和价值意义,让学生深入理解健美操的深层次含义,增强学生的文化自信。其次要强化实践育人环节。健美操教学具有很强的实践性,教师应该注重实践育人环节,让学生在实践中体验团队合作的重要性,感受集体荣誉的力量,培养学生的实践能力和创新意识。最后要融合多元文化教育。高校健美操教学应该注重多元文化教育,让学生了解不同国家和地区的健美操风格和文化内涵,拓展学生的国际视野和提升学生的跨文化交流能力。

四、创新教学理念

随着时代的快速发展,传统的教育理念已经难以满足当今社会的需求。因此,创新教学理念应运而生,成为教育领域的新方向。创新教学理念强调以学生为中心,注重培养学生的创新精神和实践能力。它突破了传统教学中以知识灌输为主的模式,关注学生的个性化发展和全面发展。创新教学理念强调师生互动、生生互动,让学生在探究、合作、实践中实现自我。创新教学理念是引领教育变革的新方向。当前,虽然创新教学理念在教育领域取得了一定的成果,但仍面临诸多挑战。例如,传统教育观念根深蒂固,教育改革难以一蹴而就;教师队伍素质参差不齐,难以全面贯彻落实创新教学理念;教育资源分配不均,影响了创新教学理念的推广与实施。未来,我们需要继续推进创新教学理念的发展,加强对教师的培训和引导,提高他们的教学水平和创新意识;加大教育资源投入,实现教育公平和优质教育资源的共享;进一步完善教育评价体系,关注学生的全面发展,为创新教学理念的推广与实施提供有力保障。

现阶段,高校健美操教学面临着前所未有的机遇和挑战。在这样的背景下,创新成为高校健美操教学改革与发展的重要方向,从而培养出更加全面、有创造力的人才。在高校健美操教学中树立创新教学理念，要加强个性化教学、多元化教学、创新性教学，并在课程内容、教学方法以及评价体系方面加大创新力度。

在课程内容方面，应根据创新教育理念对健美操课程内容进行大胆创新，创编更多元化的健美操动作，引入风格先进的健美操项目，满足学生的多样化需求。同时，还可以结合地方文化、民族特色等元素，设计出更具特色的健美操课程。

在教学方法方面，教师应注重激发学生的学习兴趣和主动性，可以采用小组合作、角色扮演、竞赛激励等教学方法，让学生在轻松愉快的氛围中学习和掌握健美操技能。此外，还可以利用多媒体教学、网络教学等现代科技手段提高教学效果和学生的学习体验。

在评价体系方面，传统的健美操教学评价往往过于注重技术动作的准确性和规范性，而忽视了学生的创新能力和综合素质。在创新教学理念下，高校健美操教学应建立更加全面、科学的评价体系。除了对学生的技术动作进行评价外，还应注重对学生创新能力、团队协作能力、表现力等方面的评价，以更全面地反映学生的综合素质。

五、"教会、勤练、常赛"理念

在高校健美操教学中，教会、勤练、常赛是三个至关重要的环节，它们共同构成了高校健美操的完整教育体系。

首先，教会是高校健美操教学的基石。健美操看似简单，实则蕴含着丰富的技巧和理论知识。教练们需要系统地传授基本步伐、动作要领和音乐节奏感，使学生能够掌握健美操的基本技能。同时，教练们还要注重培养学生的体育精神，让他们明白健美操不仅仅是一种运动技能，更是一种积极向上的生活态度。

其次，勤练是高校健美操教学的关键。要想在健美操领域取得优异的成绩，除了掌握基本技巧外，还需要大量的练习和积累。学生们需要每天坚持练习，不断提高自己的技术水平。通过反复练习，他们可以逐渐熟练掌握各种动作，提高身体的柔韧性和协调性。同时，勤练还能培养学生的自律性和毅力，让他们在面对困难和挑战时能够坚持不懈。

最后，常赛是高校健美操教学的催化剂。比赛是检验学生学习成果的最佳方式，也是促进学生进步的重要动力。通过参加各种级别的比赛,学生们可以与其他高校的健美操选手交流学习,取长补短,不断提高自己的竞技水平。同时,比赛还能培养学生的竞争意识和团队合作精神,让他们在激烈的竞争中展现出最好的自己。

高校健美操的教会、勤练、常赛三个环节相互关联、相互促进,共同构成了高校健美操的完整教育体系。在这个体系中,学生们不仅可以锻炼身体、提高技能,还能培养积极向上的精神风貌和团队协作能力。因此,我们应该重视高校健美操的教学和训练工作,让更多的学生参与到这项运动中来,享受运动带来的快乐与成就。

六、"以学定教,以用定教"理念

高校健美操教学理念"以学定教,以用定教"为健美操教学提供了明确的方向。本节将从这一理念出发,探讨高校健美操的教学内涵、实践意义以及未来发展。

"以学定教"强调的是以学生为中心,根据学生的需求、兴趣和能力来定制教学内容和方法。在高校健美操教学中,这意味着要关注学生的个体差异,因材施教。例如,对于基础较差的学生,可以从基础动作和体能训练入手,逐步提高其技术水平;对于有一定基础的学生,则可以注重技巧训练和创新能力的培养,以满足其更高的学习需求。此外,以学定教还要求教师在教学过程中注重学生的反馈和互动,及时调整教学策略,确保教学效果的最大化。这不仅有助于提高学生的学习积极性,还能促进师生之间的交流与沟通,营造良好的学习氛围。

"以用定教"则是指教学内容要紧密结合实际应用,培养学生的社会适应能力。在高校健美操教学中,这意味着要将课程内容与现实生活、工作场景相结合,使学生能够在实践中运用所学知识和技能。例如,教师可以设计一些模拟场景,让学生在这些场景中完成健美操表演、编排或教学等任务,从而锻炼其实际操作能力和解决问题的能力。同时,教师还可以通过组织参加各类比赛、演出等活动,为学生提供展示自我、锻炼自我的平台,增强其社会竞争力。

总之,高校健美操"以学定教、以用定教"的理念不仅符合现代教育的发展趋势,也符合社会对人才培养的需求。

七、核心素养教育理念

随着社会的快速发展和教育理念的不断更新,高校健美操教育已经不再是单纯的技能教学,而是更加注重培养学生的核心素养。高校健美操核心素养教育理念应运而生,旨在通过健美操教学活动,全面提高学生的综合素质。树立高校健美操核心素养教育理念的意义在于,它不仅能够提高学生的身体素质和运动技能,还能够促进学生的全面发展。通过健美操学习,学生可以培养积极向上的生活态度、健康的生活方式和良好的人际交往能力,为未来的学习和生活奠定坚实的基础。

高校健美操核心素养教育主要包括培养身体素质、心理素质和社会适应能力三个方面。其中,身体素质是指学生在健美操学习中获得的基本运动能力,包括力量、速度、灵敏性、协调性和耐力等;心理素质则是指学生在健美操学习过程中形成的积极心态、自信心和应对挫折的能力;社会适应能力则是指学生在健美操学习中所培养的合作精神、沟通能力和团队协作精神等。

在高校健美操教学中,教师应该注重学生的个体差异,采用多样化的教学方法和手段,以激发学生的学习兴趣和积极性。例如,可以通过设计富有创意的健美操动作和组合,让学生在愉悦的氛围中锻炼身体;同时,通过组织团队比赛和合作练习等活动,培养学生的合作精神和团队协作能力。此外,教师还应该注重学生的心理健康教育,关注学生的情感需求和心理变化,及时给予指导和帮助。例如,在健美操教学中,教师可以通过鼓励和表扬来增强学生的自信心和自尊心,提高学生的心理承受能力。

此外,高校健美操核心素养教育还要培养大学生的运动能力、健康知识与行为以及体育精神和道德,这些也是大学生体育核心素养的重要组成部分。

随着社会的不断发展和教育理念的不断更新,高校健美操核心素养教育理念也将不断发展和完善,并更加注重与其他学科的融合和交叉,以更加全面地促进学生的综合素质发展。此外,高校健美操教育还将更加注重实践和创新,通过组织各种形式的比赛和活动,提高学生的实践能力和创新能力。

第二节 高校健美操教学的原则与方法

一、高校健美操教学原则

为了在高校健美操教学中取得更好的效果,我们必须遵循一些基本的教学原则。

(一)系统性原则

高校健美操教学应具有系统性。在教学过程中,教师应将健美操的基本理论、基本技术和实践相结合,形成一个完整的教学体系。通过系统的教学,使学生能够全面了解和掌握健美操的知识和技能,提高他们的综合素质。同时,教师还应注重培养学生的自主学习能力和创新精神,使他们在健美操学习中不断进步。

(二)渐进性原则

健美操教学应遵循循序渐进的原则。在教学过程中,教师应根据学生的掌握程度和学习进度,合理安排教学内容和难度。起初,可以从基本的步伐和动作开始,逐步引入更复杂的组合和技巧。同时,教师还应注意培养学生的基本素质,如柔韧性、协调性和力量等,为后续的健美操学习打下坚实的基础。

(三)个性化原则

高校健美操教学应充分考虑学生的个性化需求。每个学生都有不同的身体条件、兴趣爱好和学习目标,因此,教师应根据学生的实际情况,制订个性化的教学计划。例如,对于基础较差的学生,可以从简单的动作开始,逐步提高难度;对于有兴趣的学生,可以引导他们尝试更多样化的健美操风格。通过个性化教学,能够更好地激发学生的积极性,使他们在健美操学习中获得更大的成就感。

(四)互动式原则

在高校健美操教学中,互动式教学原则同样重要。教师应积极与学生进行互动,鼓励他们提问、讨论和分享经验。通过互动式教学,能够激发学生的学习兴趣,增强他们的参与感和归属感。同时,教师还可以及时了解学生的学习情况,发现问题并及时解决。此外,教师还可以组织学生进行小组练习和比赛,培养他们的团队合作精神和竞争意识。

(五)实践性原则

健美操是一项实践性很强的运动,只有通过不断的实践练习,学生才能真正掌握健美操的技能和技巧。因此,高校健美操教学应遵循实践性原则,注重学生的实践练习。在教学过程中,教师应为学生提供充足的实践机会,让他们在实践中不断摸索、总结和提高。同时,教师还应注重学生的反馈和表现,及时调整教学策略,确保教学效果的最大化。

(六)安全性原则

在健美操教学中,安全性原则不容忽视。教师应确保教学环境的整洁和安全,检查场地和器材的完好性。同时,教师还应教授学生正确的动作要领和安全防护知识,防止运动损伤的发生。在教学过程中,教师应时刻关注学生的身体状况,及时调整教学内容和难度,确保学生的安全。

(七)审美性原则

健美操是一项极具美感和观赏性的运动,它不仅要求学生掌握基本的动作和技巧,还要求学生具备良好的审美观念和表现力。因此,高校健美操教学应遵循审美性原则,注重培养学生的审美能力和表现力。在教学过程中,教师应向学生介绍健美操的美学特征和价值,引导他们欣赏和理解健美操的美。同时,教师还应注重学生的形体训练和表情训练,帮助他们在练习中展现出最佳的状态和气质。

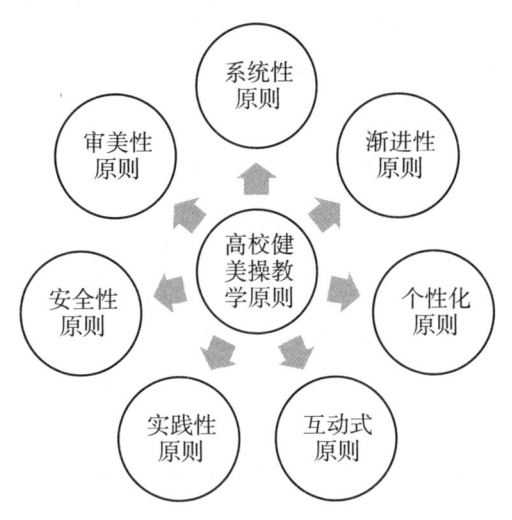

图 2-1 高校健美操教学的基本原则

高校健美操教学应遵循上述基本原则(图 2-1),从而提高健美操教学效率和效果,提高学生的综合素质。

二、高校健美操教学方法

在健美操教学中如何运用恰当的教学方法来引导学生掌握动作要领、提高学习效果是非常重要的问题。下面具体分析高校健美操教学中的四种主要教学方法(图 2-2),以帮助教师更好地指导学生学习健美操。

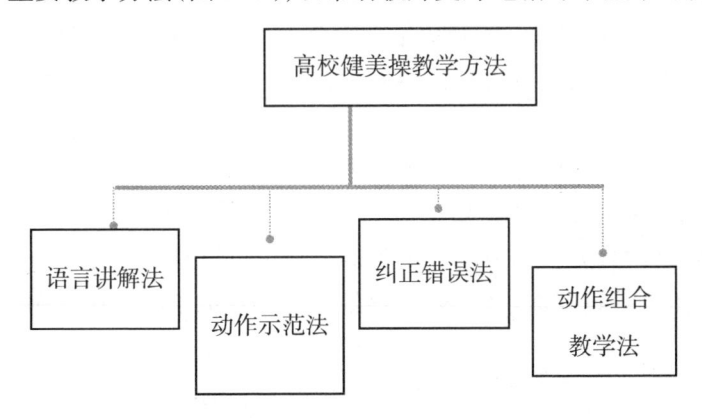

图 2-2 高校健美操教学方法

（一）语言讲解法

在高校健美操教学过程中，语言讲解法是一种最为基础的教学方法。教师通过清晰、准确、生动的语言讲解，可以帮助学生迅速理解动作要领，掌握正确的姿势和技巧，避免形成错误的动作习惯。同时，语言讲解法还可以激发学生的学习兴趣，提高他们的学习积极性和参与度，从而获得更好的教学效果。

在高校健美操教学中运用语言讲解法要掌握以下几个基本技巧。

第一，简洁明了。在讲解过程中，教师应尽量使用简洁明了的语言，尤其是面向初学者时，避免使用过于复杂或专业的术语，以免让学生感到困惑。同时，讲解的内容要重点突出，条理清晰，使学生能够快速抓住要点。

第二，生动形象。为了让学生更好地理解和掌握动作要领，教师可以采用生动形象的语言进行讲解。例如，可以通过比喻、类比等方式将抽象的动作要领具体化、形象化，帮助学生更好地理解和记忆。

第三，循序渐进。健美操动作往往具有一定的复杂性和连贯性，因此教师在讲解时应遵循循序渐进的原则。先从简单的动作开始讲解，逐步过渡到复杂的动作，使学生能够逐步提高自己的技能水平。

第四，鼓励与肯定。在讲解过程中，教师应及时给予学生鼓励和肯定。当学生表现出良好的学习效果或有进步时，教师应及时给予表扬和鼓励，以增强学生的学习信心和动力。同时，当学生在学习过程中遇到困难或挫折时，教师也应给予积极的引导和支持，帮助他们克服困难并取得成功。

第五，与示范结合。教师应结合示范动作进行讲解。通过示范动作，学生可以更加直观地了解动作要领和技巧，从而更好地理解和掌握所学内容。

为了提高语言讲解法的运用效果，健美操教师要善于根据学生的实际情况和需求灵活调整讲解内容和方式。针对不同学生的特点和需求采用不同的讲解方式和策略。健美操教师也可以利用多媒体教学资源，如视频、图片等辅助教学讲解，使学生更加直观地了解动作要领。

（二）动作示范法

动作示范法是指在教学过程中，教师通过自身的动作展示，向学生展示正确的技术动作和运动方式，从而使学生更好地理解和掌握所学内容的一种教学方法。在健美操教学中，动作示范法显得尤为重要，因为健美操动作种类繁多，动作组合复杂，学生需要通过观察教师的动作来模仿和学习，从而更好地理解和掌握健美操动作。

动作示范法具有直观性，通过教师的实际动作展示，能够使学生直观地看到正确的技术动作和运动方式，从而更加清晰地理解和掌握所学内容。动作示范法还具有针对性和互动性，教师可以根据学生的实际情况有针对性地选择展示的方法，并通过示范动作与学生进行交流和沟通，从而更好地指导学生学习。

在高校健美操教学中，动作示范法的应用非常广泛，具体运用方式如下。

1. 完整示范

教师可以先完整地展示一遍健美操动作，让学生对整个动作有一个整体的认识和理解。

2. 分解示范

对于复杂的健美操组合或成套动作，教师可以将其分解成若干个简单的动作，逐一进行示范和讲解，帮助学生逐步掌握。

3. 重复示范

对于一些难以掌握的动作，教师可以多次进行示范，让学生反复观察和学习，从而加深记忆和理解。

4. 镜面示范

教师可以通过镜面示范的方式，让学生观察自己的动作是否与教师的动作一致，从而更好地纠正自己的动作。

除了以上几种方式，教师还可以根据学生的实际情况灵活运用不同的动作示范法，以达到更好的教学效果。教师在示范动作时，要配合必要的讲解，让学生更好地理解动作要领。

在高校健美操教学中应用动作示范法时,教师需要注意以下几点。

第一,动作要准确。教师在示范动作时,一定要保证动作的准确性和规范性,以免误导学生。

第二,节奏要明显。健美操是一种节奏感很强的运动,教师在示范动作时,要注意节奏的把握和表现,让学生更好地感受和理解音乐的节奏和韵律。

第三,表情要生动。教师在示范动作时,要注意表情的生动和自然,让学生更好地感受到健美操的魅力和乐趣。

(三)纠正错误法

纠正错误法是指在健美操教学过程中,教师及时发现并纠正学生错误动作的教学方法。健美操是一项要求准确和协调的运动,错误的动作不仅会影响美观,还可能导致运动损伤。因此,及时纠正错误动作对于提高学生的学习效果和保障学生的运动安全至关重要。在教学过程中,教师要密切观察学生的动作表现,若发现学生的错误动作,要分析学生出现错误的原因和错误的类型,并立即进行纠正,指导学生进行正确的练习。针对学生的错误动作,教师应安排其反复练习,以帮助学生巩固正确的动作。在纠正错误时,教师应细心和有耐心,避免过于严厉或急躁,以免打击学生的学习积极性。同时,教师还应鼓励学生相互学习和交流,互相监督和指正,共同提高健美操学习效果。

下面简要分析健美操教学中常见问题的纠正与指导。

1. 动作不规范的纠正

在健美操中,动作的规范性至关重要。常见的错误包括姿势不正确、动作幅度不够等。教师可以通过示范教学、细节讲解等方式纠正这些错误,让学生了解正确动作的规范和要领,并在练习中加强指导和纠正。

2. 节奏不准确的纠正

健美操的节奏感是体现其韵律美的重要因素。学生在练习中常常会出现节奏不准确的问题。针对这一问题,教师可以播放节奏明显的音乐,让学生感受音乐的韵律,并在练习中加强节奏的把控。

3. 协调性差的纠正

健美操要求身体各部位的协调配合。学生在练习中可能会出现动作不协调的情况。纠正这一问题,可以采用分解动作,逐个练习的方式,同时也需要加强学生的身体协调性训练。

总之,纠正错误是提高高校健美操教学效果和学生学习质量的关键环节,在健美操教学中纠正学生的错误时,教师应及时给予学生反馈,指出他们的问题并进行纠正。而且在纠正错误动作的过程中应以鼓励和引导为主。

(四)动作组合教学法

健美操是由多种独立的动作组合为一套完整的健美操系统,在教学中,常常先进行较为简单的对独立动作的教学,然后再采用适当的方法进行组合,以下是一些最常用的动作组合教学方法,它们是在多年的实践中逐步总结出来的,因此具有较强的实践性。在教学中,教师要根据动作的特点选择合适的方法,从而获得最佳的教学效果,让学生也能收获较好的学习体验。

1. 连接法

连接法顾名思义,就是将一些独立的动作进行连接,为了达到不同的表现效果会采用不同的连接方法,或者为了实现不同的目的,而选择不同的独立动作进行连接。因此,连接法是健美操教学中经常使用的一种教学方法。按照不同的顺序,将不同的动作连接,就会形成不同风格或者主题的健美操,这是连接法的优势所在。

2. 线性渐进法

在健美操组合动作或套路动作教学中,教师经常采用线性渐进法进行教学。具体方法就是按顺序排列单个动作,线性渐进法的运用示例见表2-1。

表2-1　健美操线性渐进法教学示例

步骤	节拍	动作	下肢动作	方向	上肢动作
1	1×16	A	一字步	面向前	双手叉腰
2	1×16	A	一字步	向2位,还原	双手叉腰
3	1×16	A	一字步	向2位,还原	手臂胸前屈,双手叉腰
4	1×16	B	并步跳	面向前	双手叉腰
5	1×16	B	并步跳	向2位,向8位	双手叉腰
6	1×16	B	并步跳	向2位,向8位	胸前击掌,双手叉腰

3. 递加循环法

递加循环法就是学习新动作后,连接前面的动作进行综合练习,教学示例见表2-2。

表2-2　递加循环法教学示例

动作 A	4迈步侧点地
动作 B	2V字步
连接动作 A+B	4迈步点地+2V字步
动作 C	2交叉步
连接动作 A+B+C	4迈步侧点地+2V字步+2交叉步
动作 D	4小马跳
连接动作 A+B+C+D	4迈步侧点地+2V字步+2交叉步+4小马跳

4. 金字塔法

金字塔法有正金字塔法(图2-3)和倒金字塔法(图2-4),它们是指通过递增或者递减的方式,改变单个动作的练习次数,以达到逐渐熟练的目的。正金字塔法指的是逐渐减少单个动作的练习次数,其优势是使学生专注于动作技术、身体姿态、练习强度;倒金字塔法指的是逐渐增加单个动作练习次数,优点是增加组合动作的复杂性和动作连接的节奏感,使学生的注意力集中到动作练习中,提高练习效果。

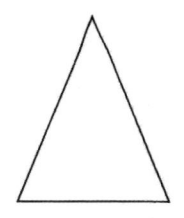

图 2-3　正金字塔法　　　　图 2-4　倒金字塔法

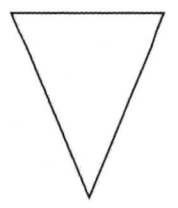

5. 过渡动作法

过渡动作法就是将一个或一段简单的动作加在复杂动作之前,作为学习复杂动作的一个过渡,这对于掌握复杂动作非常有利。学生掌握复杂动作后,可去掉过渡动作再进行完整练习。

过渡动作法的教学示例见表 2-3。

表 2-3　过渡动作法教学示例

动作 A	4 迈步侧点地
过渡动作 N	4 并步
动作 A+N	4 迈步侧点地 +4 并步
动作 B	2V 字步
动作 B+N	2V 字步 +4 并步
动作 A+B+N	4 迈步侧点地 +2V 字步 +8 并步
动作 C	2 交叉步
动作 A+B+C+N	4 迈步侧点地 +2V 字步 +2 交叉步 +4 并步
动作 D	4 小马跳
动作 A+B+C+D	4 迈步侧点地 +2V 字步 +2 交叉步 +4 小马跳

6. 层层变化法

层层变化法是指在多次练习中,通过层层变化从一个动作组合逐渐过渡向另一个动作组合的方法。运用这一方法,需在原有动作的基础上做出改变,每改变其中一个动作,就要重新练习整个组合动作。

第三节　高校健美操教学的组织与实施

一、高校健美操教学的组织形式

高校健美操课程教学的组织形式主要包括理论课与实践课两种类型。

（一）健美操理论课

高校健美操理论课的核心内容是教师向学生深入讲解健美操的基本理论知识。在组织教学方面，教师会采用多种教学方法，如口头讲解、板书展示以及新媒体技术的应用，从而使学生更加全面、深入地理解和掌握健美操的理论知识。

（二）健美操实践课

高校健美操实践课是学生在教师指导下进行身体锻炼的过程，同时也融合了理论知识的传授。例如，教师会一边展示动作，一边详细讲解，这种教学方式有助于学生更深入地理解并记忆健美操动作。实践课的核心内容是教师引导学生参与身体练习，旨在提升他们的身体素质、改善身体形态以及掌握健美操技巧。健美操实践课主要包括引导课、新授课、综合课、复习课和考核课。接下来，我们将对这几种课程形式进行详细解读。

1. 引导课

健美操实践课的开篇，常被冠以"引导课"之名。此课程的设立初衷，旨在使学生在正式开始系统的身体训练之前，对健美操训练有一个初步且全面的了解。这包括了健美操的核心特点、独特的锻炼价值，以及本课程的具体教学目标、规划和任务等。在引导课上,教师通常会引导学生体验一些健美操的基础动作,以此帮助他们形成对健美操运动的直观感知,并对课程的难易程度进行初步评估。这样,学生就能更有目标感地学习,调整自己的学习态度。此外,教师在引导课中也应重视对学生学习兴趣的激发,可以通过多元化的教学方式,例如利用新媒体设备等来吸引学生的注意力,为接下来的课程奠定良好的基础。

2. 新授课

新授课,即教师在课堂上首次向学生传授健美操内容,并期望学生初步掌握的课程。为确保新授课的有效性,需遵循以下要求。

鉴于学生首次接触新内容,为使他们形成对动作的准确认识与理解,教师应进行详尽的动作示范,并辅以适当的讲解。在示范过程中,教师应格外注重动作的规范性,确保肌肉的收缩与关节的转动都准确无误,身体姿势和技术动作都符合标准。此外,为应对复杂的多关节、多部位动作,教师可采用分解法、带领法等多元化教学方法,帮助学生更好地掌握动作要领,理解身体各部位姿势的变化。

其次,适度的压力对学生的成长具有积极推动作用。因此,教师在规划新课程的教学计划时,应遵循教育发展的客观规律,为每节课设定恰当的教学任务和目标。此外,及时纠正学生在学习过程中的错误对于其正确掌握动作至关重要。教师在讲解和演示动作时,应明确指出常见的错误点,以预防学生犯错;同时,在学生的练习过程中,教师也要细心观察,一旦发现错误,应及时给予纠正。

3. 综合课

综合课是在教学实践中常见的一种教学课程,它旨在融合对已学内容的复习与新知识的学习。教师在教授综合课时,应关注以下几个方面。

首先,教师应科学安排复习与新知识学习的顺序。通常,教师会先引导学生复习已学内容,以便为新知识的学习打下良好基础。这种安排有助于学生更快地进入学习状态。

其次,教师应采用有效的方法引导学生复习。通过回忆、动作练习、提问等方式,帮助学生巩固已学内容,提高学习效果。

最后,教师在复习过程中要关注学生的错误点,分析错误产生的原因,并指导学生改正。通过及时的反馈与指导,帮助学生不断进步。

4. 复习课

复习课主要关注学生的已学内容,教师在开展复习课时应注意以下几点。

首先,复习课应以动作练习为主,讲解为辅。通过大量的练习,帮助学生纠正和改善动作,提高技术水平。讲解应简洁明了,重点围绕学生的错误进行。

其次,教师在复习课上应采用整体与个别指导相结合的方式。根据学生的基础水平,给予不同的指导意见。对于基础较好的学生,应给予更高难度的挑战;对于基础较薄弱的学生,应给予鼓励与帮助。

再次,教师还可以采用分组教学的方式,让学生在小组内互相检查、帮助纠正动作。这种方式不仅能减轻教师的教学负担,还能增加课堂互动性和趣味性,确保每位学生都能得到关注。

最后,教师可以通过表演形式检查学生的练习成果。让学生上台表演,其他人观察,以便直观地看到每个人的优缺点。这种方式有助于学生在练习中发扬优点、改正缺点,从而提高动作技能和学习积极性。

5. 考核课

考核课是对学生学习成果进行评价的课程形式。教师在进行考核课时,需要注意以下事项。

首先,教师应向学生明确考核的目的、要求和评分标准,以便学生了解考核的标准和要求。

其次,教师应明确考核范围,并要求学生进行相关的复习工作。这有助于确保学生在考核中展现出真实的水平。

最后,由于健美操考核是实践性考核,无法同时对所有学生进行考核。为了保证考核的效率,建议教师每次同时对两名学生进行考核。通过合理的安排和有效的指导,确保考核的顺利进行。

二、高校健美操教学的实施方法

（一）准备部分

1. 设计健美操动作

（1）对课程的类型、学生的健美操基础、学生的学习需求等状况进行调研和分析，确定教学目标，根据教学目标设计健美操动作。

（2）在进行动作设计的时候，要充分考虑到学生在不同阶段的学习状况，根据不同的学习阶段设计难度等级不同的动作，满足学生的多样化需求。

（3）完成动作设计和组合的工作之后，教师本人应该先加以练习，保证对动作的熟练程度，展示自己的专业性，这样不仅有助于保证课程的效果，还能增强学生对教师的信任感。

2. 选择教学方法

教学方法是教师教学能力的重要体现，能够对教学效果产生重要的影响。教师在健美操的教学过程中，要根据学生的学习能力以及课程的特点，选择合适的教学方法，保证既让学生能够在教学过程中学到健美操技能，又让学生感受到学习健美操的乐趣。

3. 选择音乐

（1）首先要根据设计的健美操动作选择音乐，使音乐和动作具有较高的匹配度。

（2）选择节奏感比较强的音乐。

（3）根据不同教学阶段动作特点的不同，及时更换音乐，尽量不要长时间使用同一种音乐。

（4）可以多准备一些备用音乐，根据使用不同音乐时的教学效果，选择效果最好的作为配乐。

4. 编写教学方案

编写教学方案是教学过程中非常重要的一个环节，一方面它使教师的教学准备更加充分,增加教师的信心,提升教学效果;另一方面,它是对教师工作的一种记录,长期记录动作的组合编排也有利于进一步提高教师的能力和不断提高课程的质量。表2-4是一份具体的教学方案,以供参考。

表2-4 健美操课程教案举例

课程类型:中级课程	日期:
设备:小型音响	音乐:大众健身音乐(一)
目的:使学生掌握基本步伐,了解基本步伐组合的教学方法		
任务:培养学生的弹动性和韵律感		

动作组合	教学方法	课堂组织
2A+2B+4C+D+2E 注释: A=一字步(4拍)1×8; B=V字步(4拍)1×8; C=吸腿(2拍)1×8; D=侧交叉(4拍)1×4; E=侧点地(2拍)1×4	1.金字塔法; 2.过渡动作法; 3.连接法	1.先用倒金字塔法教A动作和B动作(镜面示范); 2.用连接法连接A和B,即:A+B; 3.用过渡动作法教C动作、D动作和E动作,即:C+D+E(背面示范); 4.用连接法连接A+B和C+D+E即A、B、C、E、D+E、A+B; C+D+E; 2A+2B+4C+D+2E

5.布置场地、准备器材

(1)教师要在正式开始上课之前,先对教学场地进行检查,保证场地能够顺利使用。

(2)准备好上课要用的器材,如哑铃、踏板、垫子等,并布置在不影响其他课的开设且便于取放的地方。

(二)基本部分

1.课程概览

课程概览是教学的开篇,旨在为学生提供本节课的核心内容、目标和期望成果。它发生在课堂开始的短暂时刻,具有简明扼要的特点,为教师铺设教学基础。

2. 队形布局与动作演示

健美操的教学布局应根据教学场所和学生数量来设定。鉴于健美操的动作幅度大，需要确保学生之间有足够的空间，大约每人2平方米。此外，队形应便于学生听清和看清教师的指导与动作。若使用器械，还需根据器械特性调整学生站位。

动作演示是健美操教学的核心。为确保每位学生都能看到，最好在专门的演示区域进行。若效果不佳，可适时调整队形，确保每位学生的视线不受阻碍。

3. 练习组织

健美操的练习形式多样，其中最常见的是集体练习，包括同步练习和分组练习。

同步练习：所有学生同时执行相同动作，简单易行，便于教师管理，能快速达到练习强度。但形式单一，可能使学生感到乏味，需要教师运用沟通技巧和激励方法来维持学生兴趣。

分组练习：学生分组进行不同动作，如循环练习和队形变换。这种方式增强了学生的互动与合作，提高了练习的趣味性，同时对教师的课堂组织能力提出了更高要求。

在实际教学中，教师常结合两种练习形式，既确保练习强度，又增加趣味性，从而取得更好的教学效果。

4. 观察与调整

尽管课前准备充分，但实际教学中难免有出入。教师需要细致观察学生表现，分析教学效果，并据此调整教学内容、难度和方法，形成有效的教学模式。

5. 教学激励

教师的激励对学生至关重要，能提升学生的心理状态，增强信心，并转化为学习动力。因此，教师应善用激励手段，如肯定和鼓励，满足学生的心理需求，引导他们追求更高的学习目标。

（三）结束部分

1. 互动交流与反馈机制

为确保教师能深入了解教学效果，构建有效的互动交流与反馈机制至关重要。因此，教师应在每堂课程结束后，预留短暂时间与学生进行交流，认真聆听学生的反馈与意见。这些宝贵的意见将成为教师调整教学内容和方法的重要参考。值得一提的是，交流反馈的时间无需过长，几分钟的深入对话已足够。

健美操教学实施方法如图 2-5 所示。

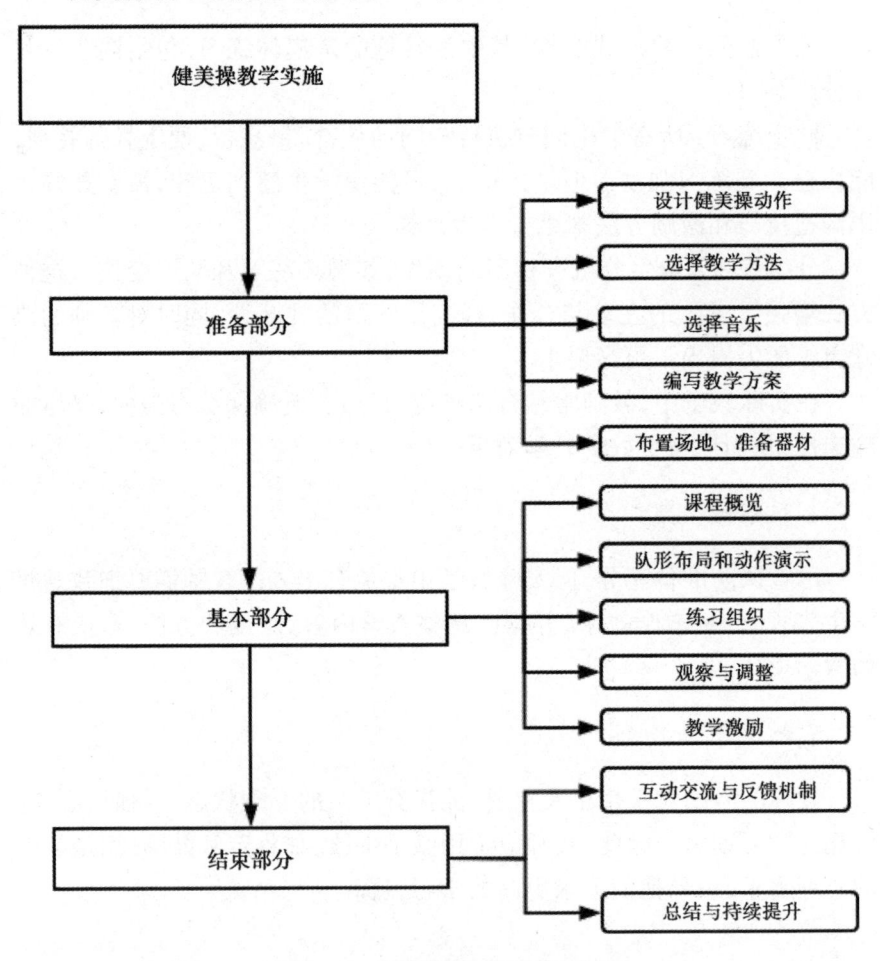

图 2-5 健美操教学的实施方法

2.总结与持续提升

课后,教师应根据学生的反馈和建议,对自己的教学进行全面的评估。这包括对教学优点的肯定、对不足之处的认识,以及寻找相应的解决方案。只有通过及时且全面的总结,教师才能在此基础上不断完善自己的教学方法,持续提升教学质量。

第四节　高校健美操教学现状分析

一、健美操课程普及程度

近年来,健美操课程在高校中的普及程度稳步上升。这不仅反映了高校对学生身心健康教育的重视,也体现了健美操运动在大学生中的受欢迎程度。健美操课程在高校中的普及,得益于其独特的魅力和价值。健美操作为一项融合音乐、舞蹈和体育等元素的运动形式,不仅能够锻炼身体,提高身体素质,还能愉悦心情,缓解学习压力,提高审美素养。因此,越来越多的学生选择健美操课程,将其作为增进健康、塑造形体、调节身心、丰富校园生活的重要方式。

此外,高校健美操课程的普及还得益于教育部门的积极推动和师资力量的不断增强。教育部门高度重视高校体育课程的改革与发展,加大了对健美操等体育课程的支持力度。同时,各高校也积极引进和培养专业的健美操教师,为健美操课程的开设提供有力保障。

尽管健美操课程在高校中的普及程度显著提升,但仍存在一些问题和挑战。主要表现为部分高校在健美操课程形式单一,教学内容传统枯燥,缺乏创新,导致学生参与度不高;同时,师资力量和教学资源的不均衡也制约了健美操教学的进一步发展。因此,高校应继续加大改革力度,以进一步推动健美操课程在高校中的普及和发展。

二、健美操师资力量和教学资源现状

在高校健美操教学中,师资力量和教学资源是影响教学质量和效果

的关键因素。当前,一些高校存在健美操师资力量不足的问题,健美操教师数量与学生数量比例严重失调,导致教师负担过重,难以保证教学质量。此外,健美操教师的专业水平和教学经验也参差不齐,影响了教学效果。

在教学资源方面,一些高校也存在投入不足的问题。例如,健美操场地设施不完善,器材陈旧,无法满足健美操教学的需求。此外,一些高校在健美操教材和教学资料的更新上也存在滞后现象。针对这些问题,高校应该加强对健美操教学的投入力度,提高师资水平和教学资源的质量,以高素质、专业化的教师队伍和充足的教学资源作为支撑,促进高校健美操教学的顺利开展。

三、健美操教学内容和方法现状

目前,许多高校健美操课程的内容相对单一,主要围绕基本的健美操理论知识和成套动作进行教学,缺乏创新。传统的教学内容已经不能满足现代大学生的多元化需求,也无法有效激发他们的学习兴趣和积极性。教学方法上,高校健美操教学多采用传统的讲解—示范—模仿—练习模式,传统教学方法忽视了学生的个体差异和学习需求,导致教学效果参差不齐,无法满足不同学生的需求。总之,高校健美操教学内容和教学方法亟待改进和创新。

四、健美操教学评价现状

教学评价是健美操教学的重要环节之一。通过健美操教学评价,可以客观反映出健美操教学的实际情况,尤其能够发现教学中的问题,获得学生的真实反馈和意见,从而更有针对性地改善教学过程,提高学生的满意度。

目前,高校健美操教学评价标准还不够明确,缺乏具体、量化的评价指标。这导致教师在进行评价时,难以准确衡量学生的表现,也无法有效地评估教学质量。此外,健美操教学评价主要采用传统的评价方式,如考试、评分等。这些评价方式虽然可以量化学生的表现,但却难以全面反映学生的学习过程和进步情况,因此需要采用更多元化的评价方法,以更全面、客观地评价学生的表现。在健美操教学评价中,及时的反馈对于改进教学质量至关重要。但当前一些高校健美操教学评价反馈往往不够及时,学生无法及时了解自己的表现和问题,也无法及时调整自己的学习方向和方法,这些都是亟需解决的现实问题。

第五节　高校健美操教学改革与创新

一、高校健美操教学改革的必要性

（一）适应时代发展的需要

随着时代的快速发展,高校健美操教学也面临着前所未有的挑战和机遇。适应时代发展的需要,高校健美操教学必须与时俱进,不断创新,以满足学生日益多样化的需求。当前,社会对健康生活的追求日益增强,健美操作为一种集健身、塑形、娱乐于一体的体育项目,受到了越来越多年轻人的喜爱。因此,高校健美操教学应紧跟时代潮流,加强教学内容和方法的创新。

为适应时代发展的需要,高校健美操教学应加强与科技的融合。随着信息技术的快速发展,虚拟现实、智能健身等新兴技术为健美操教学提供了更多的可能性。高校可以积极引入这些先进技术,打造智能化的健美操教学平台,为学生提供更加便捷、高效的学习环境。同时,通过收集和分析学生的学习数据,教师可以更加准确地了解学生的学习情况和需求,从而制订更加有针对性的教学方案。

（二）提高教学质量的需要

提高教学质量是高校健美操教学的核心目标。为了实现这一目标,我们首先需要深入分析当前教学中存在的问题,并针对性地提出改革措施。例如,教学内容单一、教学方法陈旧、师资力量薄弱等问题都严重制约了教学质量的提升。因此,创新教学内容、丰富教学方法、培养优秀师资等显得尤为重要。提高高校健美操教学质量是一项长期而艰巨的任务,我们需要不断探索、勇于创新,不断优化与完善各项健美操教学要素,从而整体提升健美操教学系统的运作效率和效果。

(三)促进学生身心健康的需要

随着现代生活节奏的加快,我国大学生体质健康状况不太乐观,身心健康问题日益凸显。这一现象与高校体育教学内容单一、方法陈旧等问题密切相关。健美操作为一种集健身、塑形、娱乐于一体的体育项目,符合大学生追求健康、塑造美好身材的需求,因此高校健美操在促进学生身心健康方面扮演着至关重要的角色。高校健美操教学应注重学生的身心健康,健美操教学的改革与发展应以促进学生身心健康为主要目标,通过创新教学内容、改进教学方法、加强师资队伍建设、建立科学评价体系等措施,为学生提供更加优质、高效的健美操教学服务,为他们的身心健康保驾护航。

二、高校健美操教学改革的措施

(一)丰富教学内容,创新教学方法

在高校健美操教学中,丰富教学内容和创新教学方法显得尤为重要。传统的健美操教学往往以固定的动作组合和刻板的训练模式为主,缺乏多样性和趣味性,难以激发学生的学习兴趣和积极性。因此,我们需要对教学内容和教学方法进行创新,以更好地满足学生的需求和提高教学效果。

在丰富教学内容方面,高校可以引入多元化的元素,如街舞、拉丁舞等流行舞蹈元素,将其融入健美操教学中,使教学内容更加丰富多彩。同时,还可以结合学生的兴趣和需求设计个性化的健美操动作,以提升学生的参与度和学习效果。此外,我们还可以借鉴其他领域的先进理念和方法,如引入运动生物力学、运动心理学等理论知识,为健美操教学提供更为科学的指导。

在创新教学方法方面,可以在传统教学方法的基础上进行改革,丰富与创新传统教学方法的运用方式,也可以设计新的教学方法或引进先进的教学手段,总之要使教学方法既有趣又实用,能够吸引学生的兴趣,也能够帮助学生获得良好的教学效果。当前比较流行的翻转课堂教学法、微课教学法、线上线下混合教学法等都适合运用于高校健美操教学中,对改善教学现状十分有益。

(二)加强师资队伍建设,提高教学资源利用率

当前,高校健美操师资力量不足已成为制约教学质量提升的重要因素。为了加强师资队伍建设,高校可以加大对健美操教师的培训力度,提高教师的专业素养和教学能力。例如,可以定期组织教师参加专业培训、学术交流等活动,拓宽教师的视野,提高教师的业务素养。高校还可以积极引进优秀的健美操教师,提高教师队伍的整体素质。此外,高校还可以建立激励机制,鼓励教师积极参与教学改革和科研活动,提高教师的教学积极性。

在提高教学资源利用率方面,高校可以采取多种措施。首先,可以优化教学资源配置,提高教学资源的利用效率。例如,可以合理安排教学场地、器材等教学资源的使用时间,避免资源的浪费。其次,高校可以加强与其他高校、企业的合作,共享教学资源,扩大教学资源的来源。此外,高校还可以利用互联网、大数据等现代科技提高教学资源的数字化运用效率,方便师生随时随地获取教学资源。

加强师资队伍建设和提高教学资源利用率是相辅相成的。只有拥有优秀的教师队伍,才能充分发挥教学资源的作用,提高教学效果。只有提高教学资源利用率,才能更好地满足学生的学习需求,提高教学质量。因此,高校应该高度重视加强师资队伍建设和提高教学资源利用率的工作,为健美操教学的顺利开展提供有力保障。

(三)建立科学评价体系,提高教学效果

科学的教学评价能够客观、全面地反映学生的学习成果和教师的教学质量,为教学改进提供有力依据。为了构建与完善健美操教学评价体系,我们需要从以下几方面努力。

1.制定明确的评价标准

为了更准确地评价学生的学习表现和教学质量,高校需要制订明确的健美操教学评价标准。这些标准应该包括技术动作、节奏感、协调性、表现力等多个方面,并且应该具有可量化、可操作性的特点。同时,学生的学习态度和课堂参与度也应成为评价的重要指标,这可以通过观察、问卷调查等方式进行信息收集。在健美操教学评价中还需要根据不同的教学阶段和目标,对评价标准进行适当的调整和完善。

2.采用多元化的评价方法

为了更全面地评价学生的表现,需要采用更加多元化的评价方法。除了传统的考试、评分等方式外,还可以引入自我评价、互评、教师观察等多种评价方式。这些评价方式可以相互补充,更全面地反映教学情况,还可以培养学生的自我评价和批判性思维能力。同时,还需要根据不同的教学内容和学生特点,选择适当的评价方法。在评价过程中还可以借助现代科技手段,如运动分析软件、心率监测仪器等来更精准地评估学生的运动表现和体能状况。

3.加强教学反馈的及时性和有效性

高校健美操教学评价需要保证教学反馈的及时性和有效性。教师应该及时给予学生反馈,指出学生的问题和不足,并提供具体的改进建议。同时,还需要鼓励学生积极参与评价过程,主动寻求反馈和建议,以便更好地调整自己的学习方向和方法。

(四)在健美操教学中培养大学生的健美操核心素养

培养大学生的健美操核心素养是新时代高校健美操教育改革的主要任务。在高校健美操教学实践与改革过程中要将大学生健美操核心素养的培养目标明确下来,围绕健美操核心素养的培养目标进行教学改革,确立核心素养教育理念,对健美操教学内容、方式进行优化创新,在健美操教学中融入思政教育,从而培养全面发展的社会主义接班人,为社会输送更多优秀的综合型人才。

1. 培养大学生健美操核心素养的价值体现

（1）提升大学生综合素质的价值

将培养大学生的健美操核心素养作为高校健美操教学改革工作的一项任务，高度重视对大学生健美操核心素养的培养，能够使大学生对健美操运动有更加深入的认识，使其对健美操相关知识与技能有更好的掌握，并形成良好的健康行为，塑造优良的道德品质，同时能够提升大学生的人格素养。这体现了培养大学生健美操核心素养对提升大学生综合素质的现实意义。

在高校健美操教学中，教师引导大学生对健美操知识和运动技能加以学习并牢固掌握，使学生树立科学的健美操学习理念，从而积极影响他们的健美操学习行为，促进终身体育意识和行为的形成。大学生随着对健美操知识、技能的不断积累和熟练掌握，他们对健美操运动的认识会逐渐加深，积累量达到一定程度也会发生质变，在由少到多、由浅入深的学习过程中，学生的综合素质会潜移默化地提升，最终具备良好的综合素质。

（2）促进大学生个性化发展的价值

学生在任何阶段都具有学习潜能，需要开发和挖掘，从而促进潜能的发挥。挖掘学生的学习潜能对促进学生的个性化发展具有重要意义。在高校健美操教学中对大学生的健美操核心素养进行科学有效的培养，能够将学生的学习潜能激发出来，从而实现个性化学习与发展。

作为健美操教学过程的组织者和学生学习的引导者，健美操教师要履行好自己的职责，从大学生的身心特点、学习兴趣出发，进行针对性教学，优化设计健美操教学过程，实施不同难度的教学内容，使大学生能够在健美操实践中体验学习的快乐，并以积极的态度和顽强的意志应对学习中的困难与挑战，并形成自主探究学习的意识和习惯。

每个学生都有自己的长处和不足，健美操教师要指导学生取长补短、扬长避短，提升学生的学习自信，对他们的独特学习个性进行培养，使学生在健美操学习中将自己的个性特征、特长优势充分展现出来。

（3）帮助大学生树立终身体育目标的价值

在高校健美操教学中加强对大学生健美操核心素养的培养，有助于调动大学生参与健美操锻炼的积极性，引导学生养成良好的运动习惯，促进大学生体质的增强和综合素养的提升。

当学生通过健美操锻炼在增强体质、愉悦身心、塑形美体、提升社会适应能力、提高协作能力等方面取得积极的效果后，便会进一步加深对健美操运动价值的认识，从而更加自觉地参与其中，树立终身体育目标，将健美操锻炼作为自己生活的一部分，形成健康向上的运动爱好，并在健美操实践中锻炼意志，提升社会适应能力，这将为大学生将来适应社会竞争环境、实现自我人生价值奠定良好的基础。

（4）顺应新时代对大学生提出的新要求的价值

当前，社会人才市场竞争激烈，社会用人单位在人才选拔、招聘与考核中不仅将人才的专业水平作为主要考察指标，还对人才的综合素质给予了一定的关注和重视。通过综合考察来判断人才对岗位的胜任力，并预测人才的持续发展能力以及未来能够给企业带来的效益。为适应人才市场的竞争需要，顺应新时代社会发展对大学生提出的新要求，有必要在高校健美操教学革新中对大学生的核心素养进行培养，促进大学生身体素质、团队协作能力、实践创新能力、解决问题能力的提升，使大学生成为适应新时代的综合型人才，为其将来在岗位上发挥专业优势、实现个人价值奠定基础。

2. 大学生健美操核心素养培养的策略

（1）重视健美操课程的育人价值

当前，各高校对健美操课程的重视还有待提升。在高等教育和高校课程体系中，作为基础性课程的体育课程是不可或缺的一部分。体育学科虽然强调身体活动和参与实践，但在道德教育和思政教育方面同样具有自身的优势。体育学科的育人价值是独有的，是其他学科所不具备的。高校要充分认识到体育学科中健美操运动的育人价值，加强对大学生基础认知的培养，增强大学生的健美操锻炼意识、健康生活意识，引导大学生树立正确的价值观念，并努力提升大学生的体育信息素养，培养大学生的终身体育理念和行为习惯，促进大学生体质的增强和健美操核心素养的全面形成与发展。

（2）分阶段进行培养

大学生的生理发育和心理发育都相对成熟和稳定，基本形成了比较固定的生活与学习习惯，这是大学生的特殊性。高校应从大学生的实际情况与个性特征出发制定健美操核心素养的培养目标，具体可以分下列三个阶段来实施培养工作，每个阶段都有明确的培养目标。

第一阶段是适应环境阶段。本阶段重点对学生的体能和健康知识素养进行培养,辅以健美操运动技能培养,并通过组织一些团体活动来培养学生的适应能力和健美操锻炼习惯,使大学生快速适应大学校园环境。

第二阶段是实践应用阶段。本阶段重点对大学生在健美操实践中解决问题的能力以及健美操道德素养方面进行培养。

第三阶段是综合培养阶段。本阶段主要面向的是即将毕业的大学生,在健美操核心素养培养中主要采取疏导的方式,引导学生自主锻炼,综合培养其健美操运动能力和健康行为,使学生综合素质得到全面发展,从而更好地适应就业环境和社会生活环境。

(3)提高健美操教师的核心素养

健美操教师自身专业素养的高低直接影响着大学生健美操核心素养的培养效果。健美操教师只有使自身健美操核心素养保持较高水平,才能在教学中有效培养大学生的核心素养。

提高健美操教师的核心素养,首先要从健美操知识和运动能力入手,一些健美操教师的理论与健康知识储备较多,运动能力较强,可以根据情况减少这些方面的培养时间,将重点放在对教师健康行为、体育品德、体育信息素养等方面的培养上。高校要定期组织教师培训,围绕健美操教师应具备的核心素养来确定培训内容和优化培训路径,切实提高培训质量,防止"走过场"和只做"表面工作"。

三、高校教学方法创新示例

(一)翻转课堂教学法

随着信息技术的不断革新,教育领域正经历着前所未有的变革。翻转课堂作为一种新兴教学方法,正逐渐受到教育者的关注。翻转课堂教学法是一种将传统课堂教学与自主学习相结合的教学方法。在该模式下,学生在课前通过观看教学视频、阅读教材等自主学习方式,预先掌握新知识;在课堂上,则通过教师的引导、学生的互动与讨论,进一步深化对知识的理解与运用。翻转课堂教学法强调学生的主动性、参与性和实践性,旨在培养学生的自主学习能力和批判性思维。

将翻转课堂教学方法运用到高校健美操教学中,具有以下优势和重要意义。

第一,提高学习效果。翻转课堂教学法将学习的主动权交给学生,使学生在课前有充足的时间进行自主学习与探索。这种学习方式有助于加深学生对健美操知识和技能的理解与掌握,从而提高学习效果。

第二,培养自主学习能力。翻转课堂教学法强调学生的自主学习和主动参与,有助于培养学生的自主学习能力。通过课前自学和课堂互动,学生可以逐渐掌握自主学习的方法和技巧,为未来的学习和生活奠定坚实基础。

第三,提升身体素质。健美操课程具有较强的实践性,翻转课堂教学法为学生提供了更多的实践机会。通过课堂上的分组练习和互动环节,学生可以充分锻炼身体,提高身体素质和运动能力。

在高校健美操课程中实施翻转课堂教学法,主要步骤如下。

1. 课前准备阶段

教师根据教学目标和课程内容,精心制作健美操教学视频,并为学生提供相应的学习资料和练习题。学生需在课前自主观看教学视频、阅读教材等,完成健美操基本动作的预习任务。

2. 课堂教学阶段

在课堂上,教师首先对学生的预习情况进行检查,了解学生对健美操基本动作的掌握程度。随后,教师组织学生进行分组练习,鼓励学生相互指导、互相纠正动作。同时,针对学生在练习中出现的问题,教师会进行及时的解答与指导。

3. 课堂互动与总结阶段

为提高学生的参与度和积极性,教师可设计课堂互动环节,如小组竞赛、即兴表演等。此外,教师还需对本次课程进行总结,梳理知识点,强化学生的理解与记忆。

(二)微课教学法

在当今教育技术的迅速发展的时代,微课作为一种新兴的教学方式正在被越来越广泛地应用于各个学科的教学中,包括体育学科。微课教学法是一种以短视频为主要载体,结合在线学习平台、移动学习终端等现代教学工具,将知识点、技能点进行碎片化、数字化处理,以便学生随时随地自主学习的新型教学方法。微课教学法具有短小精悍、针对性强、交互性好等特点,能够激发学生的学习兴趣,提高学习效率。

在高校健美操教学中采用微课教学法,能够充分发挥这一教学方法的优势和作用。首先,微课教学法允许学生根据自己的时间和需求进行自主学习,实现个性化学习。学生可以在任何时间、任何地点观看微课,进行针对性的学习和练习,提高学习效率。其次,微课教学法可以利用在线学习平台的交互功能,实现师生之间的实时互动和交流。学生可以在微课下方留言提问,教师可以及时回答和解决问题,增强学生的学习体验和效果。最后,微课教学法可以将优质的教学资源进行共享,让更多的学生受益。同时,微课也可以作为教学资料保存下来,方便学生随时回顾和复习。

在高校健美操教学中采用微课教学法,具体实施步骤如下。

1. 微课内容设计

高校健美操微课的内容设计应遵循健美操教学大纲,紧密结合教学目标和学生需求。微课内容可以包括基本步伐、组合动作、音乐节奏等方面的讲解和示范。同时,应注重微课的趣味性和实用性,通过引入游戏元素、设置挑战任务等方式,激发学生的学习兴趣和动力。

2. 微课制作与发布

在制作微课时,应注重视频质量和画面效果,确保动作示范清晰、准确。同时,可以运用动画、音效等多媒体手段,增强微课的趣味性和吸引力。微课发布后,应及时更新和完善,以保持其时效性和实用性。

3. 微课学习与评价

学生可以通过在线学习平台或移动学习终端观看微课,进行自主学习和练习。在学习过程中,可以通过在线测试、提交作业等方式进行自我检测和评价。教师也可以通过后台数据监控学生的学习进度和效果，及时调整教学策略和方法。

当前，虽然微课教学法的优势已经得到了广大体育教师的认可，但要在教学实践中实施好这一教学方法不是一件容易的事，要考虑微课的质量和效果，如何激发学生的学习兴趣和动力等问题，为了提高微课的实施效果，在微课制作和实施中需要注意以下几点。

第一，提高微课制作质量。应注重微课内容的准确性和趣味性，运用多媒体手段增强微课的吸引力和实用性。同时，可以邀请专业的健美操教练或教师进行微课录制，提高微课的专业性和权威性。

第二，加强师生互动交流。教师应积极回应学生的问题和反馈，加强与学生的互动交流。同时，可以设置讨论区或社区等互动平台，鼓励学生之间交流和合作，提升学习效果。

第三，完善学习评价机制。应建立完善的学习评价机制，包括在线测试、作业提交、学习时长等多方面的评价指标。同时，可以引入第三方评价机构或专家进行微课评价，提高微课的质量和效果。

（三）慕课教学法

当前，慕课（MOOC，即大规模开放在线课程）作为一种新兴的在线教育形式，逐渐在全球范围内得到了广泛的关注和应用。慕课模式在高校体育教学中的应用为健美操教学带来了新的机遇和挑战。

慕课教学具有很大的优势，主要表现为以下几个方面。

第一，突破时空限制，慕课教学不受时间和地点的限制，学生可以在任何时间、任何地点通过网络学习健美操课程，极大地提高了学习的灵活性和便利性。

第二，优质资源共享。慕课平台汇集了全球各地优秀的健美操教学资源，使得学生可以接触到更广泛、更深入的知识和技能，拓宽了学习的视野。

第三，个性化学习体验。慕课教学通常支持自主学习和个性化学习的路径设计，学生可以根据自己的兴趣和能力选择适合自己的学习内容和进度，提高了学习的自主性和针对性。

慕课教学具有上述优势，但将其运用到健美操教学实践中并非完全没有顾虑。任何事物都有两面性，在高校健美操教学中运用慕课教学法也会面临一些现实性的挑战。比如,技术支持问题。慕课教学需要稳定、高效的网络技术支持,以确保视频课程的流畅播放和互动功能的正常运行。然而,在实际应用中,网络不稳定、视频播放卡顿等问题时有发生,影响了学生的学习体验。再如,互动性和参与度的问题,慕课教学虽然具有开放性和自主性的特点,但也可能导致学生的学习孤独感和缺乏互动的问题。如何激发学生的参与热情,提高课程的互动性和趣味性,是慕课教学需要解决的重要问题。为了充分发挥慕课教学在高校健美操教学中的优势,克服上述问题和挑战,我们需要做以下努力。

首先,高校应加大对慕课教学平台的技术投入,提高网络稳定性和视频播放质量,确保学生能够流畅地观看课程视频和参与互动。

其次,教师可以结合健美操的特点和学生的需求,设计更具互动性和趣味性的教学内容和活动,如在线比赛、互动练习等,以激发学生的学习兴趣和参与度。

最后,通过建立科学的评估体系和及时的反馈机制,教师可以更好地了解学生的学习情况和问题,并提供针对性的指导和帮助。同时,学生也可以根据自己的学习进度和成果进行自我评估和反思,以便更好地调整学习策略和方法。

第三章

高校健美操训练与改革发展

当前,高校健美操课程已得到一定程度的普及,但课余训练的开展还不够广泛。尽管一些高校成立了健美操运动队,开展了健美操课余训练,但是因为诸多因素的影响,导致健美操训练效果不乐观,比赛成绩不理想。这一现状对高校健美操运动的整体发展造成了制约。基于此,科学构建高校健美操训练的理论体系,关注高校健美操课余训练现状,了解训练中存在的问题,并提出相应的对策,这是很有必要的。本章主要对高校健美操训练与改革发展进行研究,内容主要包括高校健美操的训练原理、训练原则与方法、训练计划设计、训练现状分析以及训练改革与创新。

第一节 高校健美操训练的基本原理

一、高校健美操训练的运动生理学原理

(一)健美操训练的生理特点

健美操训练是提高大学生健美操技能水平的主要手段,要想在健美操训练中取得理想的效果，就必须遵循运动生理学原理，合理安排训练内容和强度。运动生理学是研究人体在运动状态下生理功能和结构变化的科学。在高校健美操训练中，了解运动生理学的基础知识至关重要。这包括肌肉的工作原理、能量代谢过程、心血管系统的适应机制等。通过深入了解这些原理，我们可以更好地制订训练计划，提高训练效果。健美操训练具有独特的生理特点，主要表现如下。

第一，健美操训练以有氧运动为主，通过一定强度的运动，提高心肺功能，增强身体的耐力。这种运动方式有助于燃烧脂肪，减少体脂含量，塑造健美的身材。

第二，健美操动作涉及多个关节和肌肉群的协同工作，这有助于全面发展身体的各个部位。通过针对性的训练，可以改善肌肉力量，锻炼我们的柔韧性、协调性和平衡能力。

第三，健美操训练强调节奏感和韵律感，这有助于提高身体的协调性和灵活性。通过跟随音乐节奏进行训练，可以增强身体的节奏感，使动作更加流畅自然。

（二）高校健美操训练中应遵循的运动生理学原理

在高校健美操训练中，应遵循以下运动生理学原理。

1. 超量恢复原理

超量恢复原理是指在适当的负荷刺激下，身体组织和功能会发生一系列的生理反应，使身体在恢复过程中不仅恢复到原来的水平，而且还会在某些方面超过原来的水平。这种超过原来水平的恢复状态被称为超量恢复。在健美操训练过程中，超量恢复原理起着至关重要的作用，通过合理安排训练负荷和休息时间，可以促使身体达到超量恢复状态，从而提高运动员的身体素质和运动水平。在高校健美操训练中遵循超量恢复原理，要求做到以下几点。

（1）科学安排训练负荷

在健美操训练中，训练负荷的安排是超量恢复原理的核心。训练负荷包括运动强度、运动量和运动时间等因素。适当的训练负荷可以刺激身体产生适应性变化，促进超量恢复的发生。然而，如果训练负荷过大或过小，都不利于超量恢复的实现。因此，在训练过程中，需要根据学生的身体状况和运动水平,科学合理地安排训练负荷。

（2）合理把握休息时间

休息时间的把握也是超量恢复原理的重要组成部分。在训练过程中,合理安排休息时间可以帮助身体充分恢复,为下一次训练做好准备。如果休息时间不足,身体无法得到充分恢复,容易导致学生出现过度疲劳和运动损伤。因此,在高校健美操训练中,需要根据学生的身体状况和运动负荷合理安排休息时间,确保身体得到充分的恢复和调整。

2. 适应性原理

高校健美操训练不仅是提升学生身体素质和运动水平的有效手段,也是培养学生团队协作能力、节奏感和艺术审美素养的重要途径。要让健美操训练真正发挥其在高校体育教育中的作用,就需要在训练中遵循适应性原理。

简而言之,适应性原理就是生物体或系统在面对环境变化时,通过自我调整、学习和进化,以适应并生存下来的过程。在高校健美操训练中,适应性原理表现为学生在面对不同难度、节奏和风格的健美操动作时,通过反复练习、自我感知和不断调整,逐渐提高自己的技术水平、身体素质和心理素质,以适应健美操训练的要求。高校健美操训练的适应性表现主要包括以下几点。

第一,技术适应性。学生在训练过程中,通过不断练习和实践,逐渐掌握健美操的基本动作和技巧,从最初的不熟悉到后来的熟练自如,都是技术适应性的体现。

第二,身体适应性。随着训练强度的增加和动作难度的提升,学生的身体逐渐适应这种运动负荷,肌肉力量、柔韧性、协调性和耐力等方面得到全面提升。

第三,心理适应性。在健美操训练中,学生不仅要面对身体上的挑战,还要克服心理上的障碍。通过不断挑战自我、超越自我,学生的自信心、意志品质和抗挫能力得到锻炼和提升。

在高校健美操训练中,要遵循适应性原理,不断提高学生的适应能力,因此要求根据学生的实际情况,合理安排训练内容和难度,循序渐进地进行训练,让学生在不断挑战中逐步提升自己的适应性。而且在训练过程中,教练员要及时给予学生反馈,指出他们的不足之处,并帮助他们调整训练方法和策略,以更好地适应健美操训练的要求。另外,提供一个安全、舒适、积极的训练环境也很重要,可以让学生在良好的氛围中进行训练,有助于他们更好地适应健美操训练环境和节奏。

二、高校健美操训练的运动心理学原理

(一)健美操训练与运动心理学的关系

1.健美操训练对运动心理的影响

健美操训练对运动心理的影响不容忽视。通过一系列的动作练习,健美操训练不仅能够塑造健美的体型,更能够培养学生的自信心和意志力。在训练中,学生需要不断挑战自我,克服困难和疲劳,这个过程无疑会增强他们的心理承受能力和抗挫能力。

健美操训练对学生的心理状态具有积极的调节作用。在训练中,学生会有不同的情绪体验,如紧张、焦虑、兴奋等。通过科学的心理调控方法,如呼吸调节、放松训练等,学生可以有效地缓解负面情绪,提高自我控制能力,从而更加专注于训练过程。

此外,健美操训练还能够培养学生的团队合作精神和竞争意识。在团队训练中,学生需要相互协作、密切配合,共同完成复杂的成套动作,这个过程不仅能够增进队员之间的信任和默契,还能够培养学生的集体荣誉感和责任感。

健美操训练对运动心理的影响是多方面的,通过科学的训练和心理调控,可以有效提高学生的运动心理素质和竞技水平,为他们在比赛中取得优异成绩奠定坚实的基础。

2.运动心理学原理在健美操训练中的应用

(1)目标设定理论的应用

目标设定理论主张为学生设定明确、具体、可衡量的目标,以激发其内在动力,提高训练效果。在健美操训练中,教师可以根据学生的实际情况和训练需求,为其设定短期和长期的目标。这些目标不仅包括技术动作的完成度、训练强度的提升,还包括心理素质的增强和比赛成绩的提高等多个方面。通过明确的目标设定,学生在训练中更加有针对性,不断挑战自我,突破极限。

目标设定理论强调目标的可达成性和挑战性。目标过于简单或过于困难,都不利于学生的训练和成长。因此,教师在设定目标时,需要充分考虑学生的实际情况和潜力,确保目标既具有挑战性又可实现。同时,随着学生的不断进步和成长,教师还需要及时调整目标,以保持其激励作用。

(2)动机理论的应用

动机是推动个体行为的内驱力,对于健美操学生来说,强烈的动机能够激发他们的训练热情,提高训练效果。根据动机理论,我们可以将动机分为内在动机和外在动机。内在动机源于个体对健美操运动的热爱和兴趣,而外在动机则可能来自于教师的鼓励、队友的竞争或比赛的奖励等,外在动机可以转化为内在动机。

动机理论的应用还可以结合目标设定理论。教师可以根据运动员的个人特点和训练目标,为他们设定具体、可衡量的训练目标。这些目标不仅能够激发运动员的训练动机,还能够帮助他们更好地评估自己的训练效果。

此外,动机理论还可以与自我效能理论相结合。教师可以通过提供正面的反馈和鼓励,帮助学生建立自信心,提高自我效能感。当学生感到自己有能力完成训练任务并取得成功时,他们的训练动机将会得到进一步增强。

(3)自我效能理论的应用

自我效能,即个体对自己完成特定任务的能力的信念,它对于学生在训练中的表现、坚持性和心理调节具有关键作用。通过提高学生的自我效能感,可以显著增强他们的训练动力,提升训练效果。

在健美操训练中应用自我效能理论,要先评估学生在健美操训练中的自我效能感,结合学生的个体差异,制订针对性的自我效能提升计划。这些计划包括设定明确可达的训练目标、提供积极的反馈和鼓励、教授有效的自我调节技巧等。通过实施该计划,学生的自我效能感能够得到显著提升,他们在训练中的积极性、自信心和坚持性都能够有所增加,训练效果也相应提高。

自我效能理论的应用还可以结合其他心理学原理,如目标设定理论和动机理论。在设定训练目标时,可以根据学生的自我效能水平,制定既具挑战性又可实现的目标,以激发他们的训练动力。同时,通过提供适当的奖励和惩罚,可以进一步调节运动员的动机水平,促进他们更好地实现训练目标。

(二)健美操训练与心理健康

1. 心理健康的重要性

在健美操训练中,学生的心理健康不可忽视。心理健康不仅关系到学生的竞技状态,更是他们全面发展的重要基石。学生的心理健康与其竞技表现密切相关。在紧张激烈的比赛中,学生常常面临巨大的心理压力。如果缺乏良好的心理素质,他们可能无法充分发挥自己的技术水平。因此,健美操训练应重视学生的心理健康,通过心理干预与辅导、心理技能培养等手段,帮助学生提升心理韧性,更好地应对比赛中的挑战。

此外,心理健康也是学生长期发展的保障。在长期的训练和比赛中,学生可能会遇到各种挫折和困难。如果他们的心理承受能力不足,可能会产生焦虑、抑郁等心理问题。这不仅会影响他们的竞技状态,还可能对他们的身心健康造成长期影响。因此,健美操训练应关注学生的心理健康状况,及时发现并解决问题,为学生的长期发展保驾护航。

2. 心理健康的维护与提升

在健美操训练中,学生的心理健康维护与提升至关重要。

第一,为了深入了解学生的心理状况,运用心理学评估工具,如心理健康问卷、压力评估量表等,对学生进行全面的心理评估。及时发现学生的心理问题,为后续的干预和辅导提供科学依据。

第二,针对学生常见的心理问题,如焦虑、抑郁等,可以开展针对性的心理干预和辅导。例如,通过认知行为疗法、放松训练、冥想等方法,帮助学生调整心态,缓解压力,提升自我认知和自我调节能力。

第三,还可以借鉴一些成功学生的经验和故事,来激励和鼓舞学生,激发学生的斗志和勇气。

第四,高度关注学生的日常生活和训练环境,为他们创造一个积极、健康、和谐的训练环境。可以组织一些团队建设活动、文化交流活动等,增进学生之间的友谊和信任,提升他们的归属感和集体荣誉感。

第五,建立健全的心理评估和反馈机制,定期对学生的心理健康进行评估和反馈。这样可以帮助我们及时了解学生的心理状况,发现问题并采取相应措施进行干预和辅导。

维护和提升健美操学生的心理健康是一项长期而艰巨的任务。我们需要从多个方面入手,采取综合措施来保障学生的心理健康。只有这样,才能让学生在竞技场上发挥出最佳水平,实现全面发展。

(三)高校健美操训练中大学生的心理训练与调控

心理训练是健美操训练中不可或缺的一部分,在高校健美操训练中要加强对大学生的心理训练与调控,通过模拟训练、放松训练、认知重构等多种方法,有效提高学生的心理健康水平和心理技能水平,为他们在比赛中取得优异成绩奠定坚实的基础。

1. 心理训练的一般方法

(1)模拟训练

模拟训练是一种常用的心理技能训练方法。通过模拟比赛场景,让学生在接近真实的环境中体验比赛压力,从而锻炼他们的心理承受能力和应变能力。经过模拟训练的学生在正式比赛中能够表现出更高的稳定性和自信心。

(2)放松训练

放松训练也是培养心理技能的有效途径。通过深呼吸、肌肉放松等技巧,帮助学生缓解紧张情绪,提高自我调节能力。这种训练方式不仅有助于学生在比赛中保持冷静,还能提高他们的专注力和表现力。

(3)认知重构

认知重构要求学生在面对挫折和困难时积极调整自己的心态和认知方式,以更积极、乐观的态度应对挑战。例如,当学生在健美操比赛中出现失误时,教练员可以通过引导他们进行认知重构,将失误视为学习和成长的机会,从而帮助他们迅速调整状态,重新找回自信。

2. 自信心的培养

在高校健美操训练中,学生自信心的培养是至关重要的一环。自信心不仅影响着学生在比赛中的表现,更是他们日常训练的动力来源。因此,探索有效的自信心培养途径对于提升学生的健美操运动水平具有重要意义。

(1)目标设定是提升自信心的基础。教师应根据学生的实际情况,为他们设定明确、可衡量的训练目标,当学生逐步完成这些目标时,他们会感受到自己的进步,从而增强自信心。

(2)成功的体验是增强自信心的关键。教师应为学生创造更多成功的机会,让他们在比赛中获得好成绩,或者在训练中完成难度较高的动作。这些成功的体验会让学生感受到自己的能力和价值,从而增强自信心。

(3)积极反馈和评价是培养自信心的重要手段。教师应及时给予学生正面的反馈和评价,肯定他们的努力和成就,鼓励他们继续前行。这种积极的反馈和评价会让学生感受到教师的关注和认可,从而提升自信心。

(4)学生自身努力和自我调节也是培养自信心的重要途径。学生要相信自己有能力克服困难、取得进步,并在训练中不断挑战自己、超越自己。同时,学生应该学会自我调节情绪、保持积极心态,在面对挫折和困难时保持自信和坚定。

总之,学生自信心的培养是一个长期的过程,在高校健美操训练中需要教师和学生共同努力。

3. 意志品质的培养

意志品质是指个体在面对困难、挫折和压力时所展现出的坚持、毅力和决心。对于高校健美操运动队的成员而言,优秀的意志品质是他们取得优异成绩的重要保障,因此要特别重视对其意志品质的培养。

(1)培养坚定决心。在高校健美操训练中,教师可以通过设定具体、可衡量的目标来激发学生的斗志。例如,为学生设定每周的训练次数、每次训练的时间和强度等目标,并鼓励他们努力达成。当学生完成目标时,教师可以给予适当的奖励和肯定,以增强他们的自信心和动力。

(2)培养顽强毅力。学生在健美操训练中常常会遇到各种困难和挑战,如动作难度高、训练强度大等。此时,教师可以通过鼓励、激励和引导的方式,帮助他们克服困难和挑战,培养他们的顽强毅力和不屈精神。

（3）培养自律性。自律性是指个体能够自我约束、自我管理和自我激励的能力。在高校健美操训练中，学生需要自觉遵守训练纪律和规定，保持良好的训练状态和精神状态。教师要通过制订训练计划、严格加强管理来培养学生的自律性。同时，教师还可以引导学生制订个人的训练计划和目标，并鼓励他们自主安排训练时间和内容，以培养他们的自我管理和自我激励能力。

（4）培养积极心态。积极心态是指个体在面对困难和挑战时所保持的乐观、向上的心态。在健美操训练中，学生常常会遇到失败和挫折，此时他们需要保持积极的心态来面对这些困难。教师要多鼓励、激励，引导学生调整心态。同时，教师还可以帮助学生从失败和挫折中汲取经验和教训，以更好地应对未来的挑战。

4. 情绪调控

在高校健美操训练中，学生情绪的稳定与否直接关系到他们的训练表现以及最终结果，掌握并运用有效的方法来调控学生的情绪非常重要。呼吸调节法是一种常见的情绪调控方法。当学生在训练中感到紧张或焦虑时，通过深呼吸可以迅速平复情绪。深呼吸能够激活副交感神经，有助于降低心率和血压，从而缓解紧张情绪。

除了呼吸调节法，认知重构也是一种有效的情绪调控策略。学生面对挫折或失败时，往往容易产生消极情绪。此时，通过改变对失败的认识，将失败视为成功的一部分，有助于从失败中汲取经验，保持积极的心态。

情绪宣泄和放松训练也是情绪调控的常用方法。情绪宣泄可以让学生将内心的压力和不满释放出来，从而减轻心理负担。而放松训练则通过肌肉放松、冥想等方式，帮助学生达到身心放松的状态，有助于缓解紧张情绪。

以上方法简单实用，对于学生在健美操训练中保持良好的情绪状态和运动状态具有重要价值。这些方法与策略不仅适用于训练和比赛场合，也适用于日常生活中，对于提升学生的心理素质具有重要意义。

5. 团队心理建设

在高校健美操训练中，团队心理建设不容忽视。团结、和谐、积极向上的团队氛围能够使学生保持良好的心理状态，提高训练效果。通过团队心理建设,可以增加团队成员之间的信任,使团队成员形成共同的目标和愿景,从而激发内部动力和创造力。此外,团队心理建设还有助于培养学生的集体荣誉感和责任感。在一个团结的团队中,每个成员都会意识到自己的表现直接关系到整个团队的成败,这种集体荣誉感会激励每个学生更加努力地训练和比赛,为团队的荣誉而拼搏。团队心理建设对提高学生的心理素质和抗压能力也有重要意义。

为了充分发挥团队的优势和重要作用,在高校健美操训练中可以通过如下手段来加强团队心理建设。

首先,建立明确的团队目标和价值观。通过共同制定和认可团队目标,每个成员都能明确自己的方向,形成共同的努力方向。同时,建设积极向上的团队文化,鼓励成员之间的相互支持与合作,形成团结和谐的氛围。

其次,加强团队内部的沟通和交流。有效的沟通能够消除误解,增进理解,加强团队成员之间的信任。教师可以定期组织团队会议,让成员分享自己的训练心得、困惑和建议,共同解决问题。此外,还可以开展团队建设活动,如户外拓展、团队游戏等,增强团队凝聚力和归属感。

再次,关注团队成员的个体差异和需求。团队中的每个成员都有自己的性格、特点和需求,教师需要尊重并关注他们的差异,提供个性化的支持和帮助。例如,对于自信心不足的学生,可以通过鼓励和肯定来增强他们的自信心;对于训练焦虑的学生,可以提供心理辅导和支持,帮助他们调整心态。

最后,建立有效的反馈机制。教师需要定期对团队成员的表现进行评估和反馈,让他们了解自己的优点和不足,明确改进方向。同时,反馈也要注重鼓励和肯定,激发每个成员的积极性和动力。

6. 心理干预与辅导

在高校健美操训练中还要重视对学生进行心理干预与辅导。随着训练强度的增加和比赛压力的加大,健美操运动队面临着越来越多的心理挑战,这些挑战可能来自于对成绩的焦虑、对失败的恐惧、对自我价值的质疑等。因此,及时而有效的心理干预与辅导对于提高学生和整个团队的心理健康水平和运动表现力都至关重要。

心理干预与辅导能够帮助学生以良好的心态应对压力。通过专业的心理辅导,学生能够学会调整自己的情绪,保持冷静和自信。心理辅导还可以帮助学生提高自我认知力,明确自己的优势和不足,从而更有针对性地扬长避短。心理干预与辅导还有助于营造和谐的团队氛围。在团队中,不同学生之间的心理状态和情绪变化可能相互影响。通过心理干预与辅导,可以及时解决团队中的心理问题,增强团队的凝聚力和战斗力。

心理干预与辅导的实施策略应当基于学生的个性化需求,要量身定制,对存在不同心理障碍的学生采用不同的干预手段和辅导策略。心理干预与辅导还需要结合具体的训练情境进行。比如,在赛前训练中,可以通过模拟比赛情境来帮助学生熟悉比赛流程,减轻焦虑。

数据支持是心理干预与辅导的重要工具。通过心理测评工具来评估学生的焦虑水平、自信心等心理指标,对学生的心理状态、训练表现进行量化分析,可以更加客观地了解学生的心理状况,从而为学生提供更加精准的心理支持和建议。

在健美操训练中对学生的心理干预与辅导需要长期持续进行,通过定期的心理评估、心理训练和心理咨询,帮助学生形成健康稳定的心理状态,提升其心理素质。

第二节 高校健美操训练的原则与方法

一、高校健美操训练的原则

为了确保高校健美操训练的科学性和有效性,在训练中必须遵循下列基本原则。

(一)循序渐进原则

循序渐进原则是指在高校健美操训练中要逐渐增加训练难度,如逐渐增加难度较大的训练内容、逐渐增加运动负荷等。教师要根据学生的实际情况,从基础技能开始逐步提高难度,帮助学生逐步适应训练强度,这不仅能够提高学生的技术水平,还能培养他们的自信心。在遵循循序渐进原则时,教练员应密切关注学生的身体反应,若学生出现身体不适或心理障碍,要适当降低训练难度。

(二)安全性原则

安全性原则是高校健美操训练中非常重要的一项原则。在健美操训练中,教练员应确保训练场地、器材和服装等符合安全标准,避免学生在训练过程中受伤。同时,教练员还应关注学生的身体状况,合理安排训练强度和休息时间,确保学生能够安全训练,保障学生的健康和训练效果。在遵循安全性原则时,教练员还应加强对学生的安全教育,提高学生的安全意识和自我保护能力,并能够在发生运动损伤时正确采取急救措施。

(三)创新性原则

创新性原则鼓励教练员在健美操训练中不断探索新的训练方法和手段,以适应健美操运动的不断发展和变化。教练员应关注国内外健美操比赛的发展趋势和规则变化,及时调整训练内容和方向,以提高学生的健美操竞技水平,使学生代表学校参加重大比赛时展现出本校的健美操水平,取得优异的成绩。同时,在健美操训练中不断创新还有助于培养学生的创新意识和创新能力,为他们的未来发展提供源源不断的动力。

(四)全面训练与专项训练相结合原则

全面训练是指通过一系列的基础训练,提高学生的身体素质、协调性和灵活性。这包括力量训练、柔韧性练习、有氧运动等。力量训练能够增强学生的肌肉力量和爆发力,为专项训练打下坚实的基础。柔韧性练习则有助于提高学生的身体柔韧性,减少运动损伤的风险。有氧运动则能够增强学生的心肺功能,提高身体的耐力水平。

专项训练是指针对健美操项目特点进行的训练,包括技巧训练、节奏感训练、舞蹈表现训练等。技巧训练能够帮助学生掌握健美操的基本动作和技巧,提高技术的熟练程度。节奏感训练有助于培养学生的音乐感和节奏感,使他们在比赛中能够准确地把握音乐的节奏和韵律。舞蹈表现训练则能够提高学生的舞蹈表现力和艺术修养,使他们的表演更具观赏性和感染力。

在高校健美操训练中,全面训练与专项训练应该相互补充、相互促进。全面训练为专项训练提供了必要的身体素质和基本技能支持,使专项训练更加有针对性和实效性。而专项训练则能够进一步巩固和提高全面训练的效果,使学生更好地掌握健美操的技能和精髓。高校健美操训练原则如图 3-1 所示。

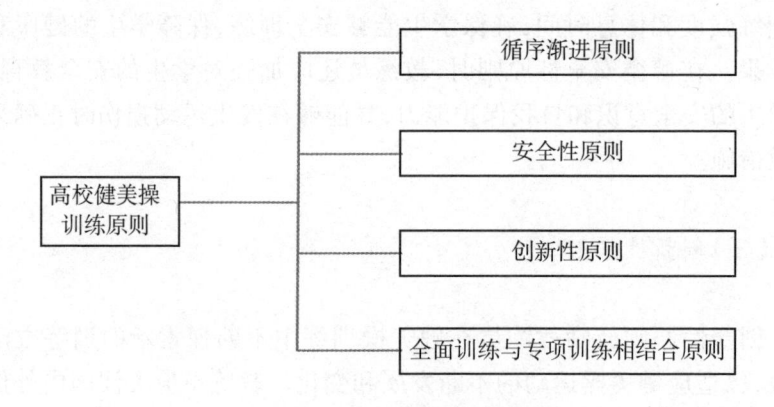

图 3-1　高校健美操训练原则

二、高校健美操训练的方法

(一)动作方位训练方法

1.镜面方位校正训练

镜面方位校正训练涵盖两个主要方面:其一,学生通过面对镜子进行动作的精准度练习;其二,学生在同伴或教师的协助下完成体操动作的训练。这种训练方式有助于学生在短时间内显著提高动作的准确性,因为它能清晰、准确地帮助学生建立正确的动作方向感知。通过这种训练,学生能够对自己的错误动作有更明确的认识,并及时纠正和调整方向感知的误区。

2.定位训练

定位训练是一种特定的训练方法,它要求在操化动作的执行过程中,每一拍的上肢和下肢动作都必须精确达到预定的位置。为了确保学生能够充分理解并掌握这种位置感,教练通常会在训练的初期阶段放缓动作的节奏。通过这种方式,学生可以更深入地体验和理解动作在特定位置的感觉。一旦学生习惯了这种定位,教练会逐渐提高动作的速度,直至达到比赛所要求的节奏。

(二)动作速度训练方法

1.助力训练

在对学生进行健美操动作训练时,教师应该善于运用外部助力,以帮助学生提升完成特定动作的速度,并让他们感受快速运动的韵律感。在实施助力训练时,教师需要精确掌握提供助力的时机和力度。同时,还应指导学生感受在助力作用下完成动作所需的时间和力量,以促使他们最终能够独立达到所需的动作速度标准。

2.变奏训练

变奏训练是一种独特的教学方法,它通过调整音乐节奏,使学生能够在同步的动作练习中体验到快节奏与慢节奏的不同。这种训练方法旨在帮助学生理解并掌握在不同节奏下完成动作的技巧。变奏训练通常分为两个阶段。首先是阶梯式负荷增加阶段,此阶段的核心是通过逐步增加负荷强度,来提高学生的运动机能和运动素质。同时,这种渐进式的负荷增加还有助于形成稳定的动力定型,为后续的跳跃式变换负荷强度打下坚实的基础。负荷的调整以音乐速度为单位,并在以周为时间单位的训练过程中呈现出斜线上升的趋势,从而为后续的训练做好全面的准备(图3-2)。

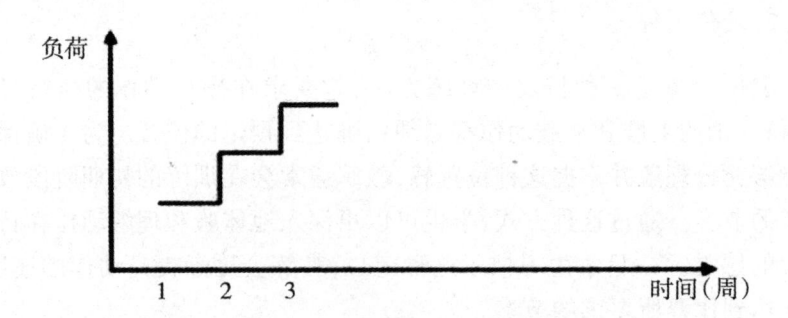

图 3-2　阶梯式负荷增加阶段

其次是跳跃式负荷变化阶段,通过跳跃理想速度的固定定型模式,采用突然增加负荷的方法,强烈刺激机体后再恢复到理想速度,使学生承受负荷的能力得以突破性提高,同时使机体掌握肢体姿势控制技术,提高控制能力(图 3-3)。

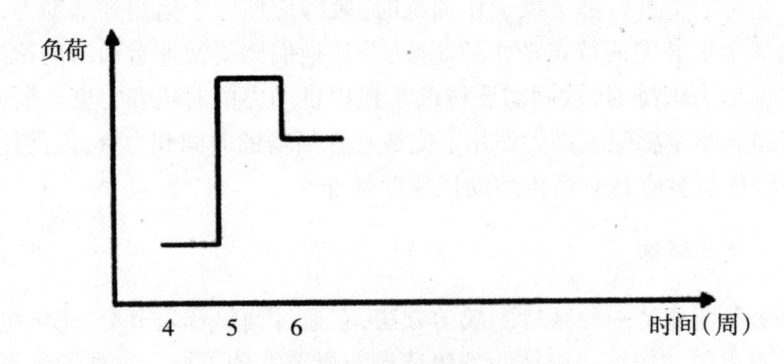

图 3-3　跳跃式负荷变化阶段

从上述分析中,我们观察到变奏训练法的负荷量变化主要融合了阶梯式负荷和跳跃式负荷两种形式。在维持负荷量相对稳定的条件下,通过调整负荷强度的训练,能够逐渐提升训练效果。具体而言,先是逐步增加负荷强度至某一水平,使身体逐渐适应并承受递增的负荷刺激。紧接着,负荷会突然跃升至超高水平,促使身体的承受能力实现质的飞跃。最后,训练会稳定在一个与比赛需求相匹配的负荷水平,让身体对这种负荷产生必要的适应性。

3. 高频重复性训练

高频重复性训练是一种特定的训练方法，要求学生在限定的时间内，快速并反复地执行特定的动作。这种训练方式专注于提高特定动作的速度和流畅度。在健美操教学中，当某些学生的动作速度明显滞后时，高频重复性训练便成为最有效的解决策略。

在实行高频重复性训练时，我们设定明确的动作训练时间，并鼓励学生通过提高重复动作的速率，来加快他们执行特定动作的速度。同时，我们强调每一次的重复都应当使学生在原有的技术基础上，对动作技术和运动路线有更深入的理解和掌握，直至最终能够高质量且自动化地完成这些动作。

（三）动作力度训练方法

1. 协助训练法

协助训练法是一种直接的指导训练方法，特别适用于运动初学者建立动作感知能力。这种方法主要通过教师对学生即将完成的健美操动作进行精细的控制和调整，确保他们在用力大小、速度、方向以及动作制动时机上的准确性。

2. 对抗训练法

对抗训练法是一种通过单人或多人进行对抗阻力的训练方法。在健美操训练中，可以运用两人一组的练习方式，通过"用力与对抗"的练习方法，让另一名学生施加阻力或减缓其运动速度，从而让参与练习的学生感受到肌肉的对抗感觉。

综上所述，高校健美操训练方法如图3-4所示。

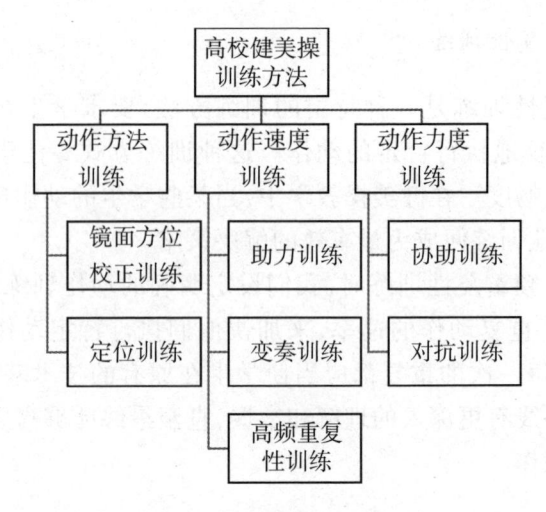

```
                高校健美操
                 训练方法
        ┌───────────┼───────────┐
     动作方法      动作速度      动作力度
      训练          训练          训练
        │            │            │
    ┌───────┐    ┌───────┐    ┌───────┐
    │镜面方位│    │助力训练│    │协助训练│
    │校正训练│    └───────┘    └───────┘
    └───────┘        │            │
        │        ┌───────┐    ┌───────┐
    ┌───────┐    │变奏训练│    │对抗训练│
    │定位训练│    └───────┘    └───────┘
    └───────┘        │
                 ┌───────┐
                 │高频重复│
                 │性训练 │
                 └───────┘
```

图 3-4 高校健美操训练方法

第三节 高校健美操训练计划设计

一、高校健美操训练计划设计原则

（一）科学性原则

科学性原则是制订健美操训练计划的基础原则，它要求在制订训练计划时必须以科学理论为指导，遵循人体生理学和运动训练学的规律。例如，在设定训练强度时，需要参考学生的体质数据和运动能力，确保训练负荷既不过重也不过轻，既能达到训练效果，又不会对学生的身体造成损害。此外，科学性原则还要求在选择训练内容和方法时，要基于最新的科学研究和实践经验，确保训练的有效性和前瞻性。

在贯穿科学性原则时，要在训练前对学生的体质状况进行全面的测试和分析，包括身体成分、心肺功能、柔韧性等方面，然后根据测试结果为学生制订专门的训练计划，包括训练强度、训练时间、训练内容等。在计划实施过程中，还要定期对训练效果进行评估，检验训练计划是否科学有效,最后要根据评估结果调整与完善训练计划,确保接下来的健美操训练也是科学有效的。

(二)系统性原则

制订高校健美操训练计划还要遵循系统性原则,该原则要求在设计训练计划时全面考虑各个训练要素之间的关联性和整体性,确保训练计划的连贯性和有效性。具体来说,在健美操训练计划的制订中要遵循一定的逻辑顺序,从需求分析、目标设定、内容选择、方法手段、时间安排到效果评估,都要形成一个完整的闭环系统。

在需求分析阶段,我们需要对学生的身体状况、运动水平等进行全面调查和分析,以确保训练计划真正符合实际、科学有效。在目标设定阶段,我们要根据需求分析的结果制定具体、可衡量的训练目标,如提高身体柔韧性、增强心肺功能等。内容选择和方法手段的选择也要紧密围绕目标进行,确保训练计划的针对性和有效性。此外,时间安排也是训练系统中不可忽视的一环。合理的时间安排能够确保训练的连续性和稳定性,避免训练过程中的盲目性和随意性,具体可以通过制定详细的训练日程表,明确每周、每天的训练内容和时间,以确保训练计划的顺利执行。效果评估是系统训练中的最后环节。通过对训练效果的科学评估,我们可以及时发现问题、调整方案,确保训练计划的有效性和可持续性。我们可以采用问卷调查、体能测试、比赛等多种方式对训练计划的执行情况进行定期评估。

(三)可行性原则

任何训练计划的设计都必须基于现实条件和资源。这意味着,在设计高校健美操训练计划时要遵循可行性原则,充分考虑学校的师资力量、教学设施、学生的实际状况等因素。可行性原则还要求在设计训练计划时考虑到计划的实施成本,包括人力成本、物资成本以及时间成本等,以确保计划的实施具有可行性和可持续性。

（四）安全性原则

在设计健美操训练计划时，必须始终将学生的安全放在首位。教师应确保训练计划的合理性，避免出现过度训练或不当训练导致学生受伤的情况。此外，教师还应在训练过程中密切关注学生的身体状况，一旦发现异常，应立即停止训练并采取相应的措施。

（五）反馈与调整原则

一个优秀的健美操训练计划不仅要有良好的设计，还需要在实施过程中进行不断反馈与调整。教师应定期与学生沟通，了解他们的训练感受和需求，以便对训练计划进行针对性的调整。同时，教师还应根据学生的训练表现和进步情况对训练计划进行动态调整，以确保训练效果的最大化。

综上所述，高校健美操训练计划设计原则如图3-5所示。

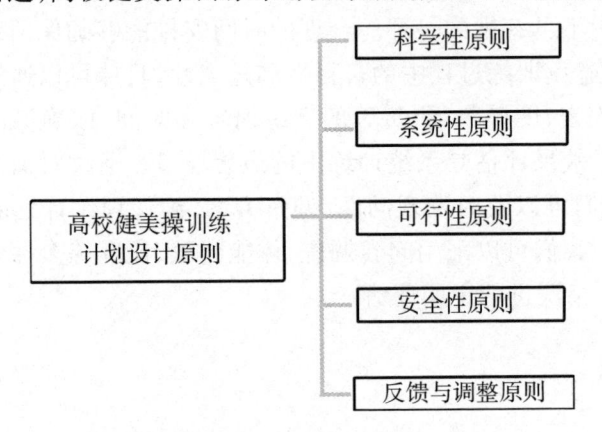

图3-5 高校健美操训练计划设计原则

二、高校健美操年度训练计划的设计

通常将年度训练计划分为若干个周期。一般一年分为一个周期，有两次比赛任务的也可分为两个周期。每个周期一般包含准备期、基本训练期、比赛期和恢复期。其主要内容如下。

(一)准备期

准备期的主要任务为尽可能地提高体能,学习并尽快地掌握健美操的操化特性,选择与练习难度动作,选择成套音乐,成套动作。

准备期的主要内容有身体素质练习、操化动作与基本技术练习、动作组合、难度练习、编排成套、恢复练习等。

运动量主要是时间和数量的增加,这时期动作多,时间长,强度应合理、适中。

(二)基本训练期

基本训练期的主要任务是提高体能、适应赛事强度要求、修改成套动作、提高动作质量、熟练掌握成套动作、提高表现力、及时恢复体能。

基本训练期的主要内容包括专项耐力练习、单个动作练习、动作组合、细抠动作、半套动作练习、成套练习、恢复练习与手段。

教练员安排的运动量应当有起伏,应当在逐步增加运动量的基础上冲击两次以上的大强度训练。

(三)比赛期

比赛期应当有赛前、赛中、赛后三个阶段。比赛期的主要任务是适应比赛环境与状态、做好心理准备、调整体能、以最佳状态参加比赛、及时进行思想工作与赛事安排、总结经验和教训。

(四)恢复期

恢复期的主要任务是消除生理疲劳和心理疲劳,为开展后期工作做好充足准备。

综上所述,健美操周期训练的划分如表3-1所示。

表 3-1　周期训练的划分[1]

周期名称	训练任务	训练内容	运动负荷安排
准备期	恢复体能 初编成套动作	操化动作训练,单个难度动作训练,身体素质训练	运动量较大,运动强度较小。时间安排为一周3次,每次180分钟
基本训练期	修改并熟练掌握成套动作,提高表现力	半套、成套动作组合训练,专项耐力训练	运动量和运动强度都较大,每周冲击三次大强度训练。时间安排为一周6次,每次200分钟
比赛期	适应比赛环境和状态,调整体能,准备比赛	成套动作的操化动作训练,成套动作的单个难度动作训练	运动量和运动强度都较小。时间安排为每天120分钟
恢复期	消除生理和心理上的疲劳	音乐欣赏	休息调整

三、高校健美操阶段训练计划的设计与应用

阶段训练计划是年度训练计划的一个重要组成部分,是年度训练计划的一个重要环节,设计与应用时应当密切联系年度训练计划的具体时期和具体任务。各阶段训练计划的常见内容有：各阶段的时间和任务,身体训练与技术训练的比例,规定动作与自选动作的安排,运动量的节奏及完成各阶段任务的措施与检查办法等。通常阶段训练计划由以下四个阶段组成。

（一）准备阶段

准备阶段的任务是强化身体素质的练习,促使练习者掌握和完善基本技术,定期复习单个难度动作和操化动作,通常训练密度和训练强度偏小。

---

[1] 赵静晓.健美操教学训练系统设计与方法研究[M].太原：山西经济出版社, 2019：68.

（二）基本阶段

基本阶段的任务是继续发展练习者的身体素质,狠抓难度动作的质量与连接技术的训练以及成套动作的练习,这个阶段训练的动作数量最多,难度动作练习需要同时达到相应的数量要求和质量要求。

（三）比赛阶段

比赛阶段的技术训练主要是成套动作训练,主要目的是使练习者成套动作的稳定性得到大幅度提升,教练员运用训练方式时应尽最大努力模仿比赛条件,最大限度地避免细节上的缺点。

（四）恢复阶段

教练员应当安排练习者积极休息,为接下来的周期训练做好充足的准备,适当减少训练课的次数以及训练时间,着重开展发展练习者一般素质和专项素质的训练活动。

四、高校健美操周与课时训练计划的设计

周训练计划是训练计划的一个基本单元,设计和应用的依据是阶段训练计划。周训练计划的常见内容有每周训练任务、训练时间安排、训练内容安排、训练要求、运动量安排节奏、每周小结,教师一定要保证上周训练计划的内容和下周训练计划的内容紧密衔接在一起。

课时训练计划设计从根本上来说就是课程的教案。参与健美操训练的练习者要想完成任何一项训练任务都需要每次训练课的持续积累,每次训练课任务的完成情况对年度训练计划的完成情况有决定性影响。课时训练计划的常见内容有课程任务、训练项目、训练时间、各个运动员训练的内容和方法、动作数量要求、动作质量要求、课后小结。

从整体来说,教师设计与应用课时训练计划时可以在不脱离周训练计划的前提下,做出一些必要的调整。

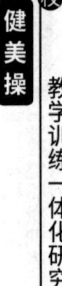

第四节　高校健美操训练现状分析

一、训练经费现状

长期以来,我国众多高校面临教育经费不足的问题,这也导致了健美操训练的经费相对匮乏,难以满足实际的需求。目前,高校体育活动经费和专项训练竞赛经费构成了健美操训练经费的主要来源。然而,由于部分高校对健美操训练缺乏足够的重视,因此在该领域的经费投入上相对欠缺,这在一定程度上限制了健美操训练活动的顺利开展。

二、训练场地现状

为了确保高校健美操训练活动的顺利进行和达到最佳效果,充足的场地和完善的设施是必不可少的物质基础和支撑。但令人遗憾的是,目前在我国的高等教育体系中,健美操训练场地和设施的状况并不乐观。一些高校选择在田径跑道上开展健美操训练,这显然并不符合健美操的专业训练需求。有的高校则选择在校外租赁专门的场地,虽然这在一定程度上解决了场地问题,但租赁成本和便利性等问题也随之而来。还有一些高校直接在操场上进行健美操训练,这不仅可能受到其他运动项目的干扰,而且场地的专业性和安全性也无法得到保障。更有一些高校甚至在篮球场、网球场等其他运动项目的场地上进行健美操训练,这种场地的混用无疑进一步降低了训练的效果和质量。综上所述,当前众多高校的健美操运动员都是在不规范、不专业的场地条件下进行训练,这无疑对训练活动的正常开展和最终的训练效果产生了严重的负面影响。

三、训练安排现状

学生在健美操比赛中取得卓越成绩的背后,是长时间坚持不懈的努力训练。只有通过系统而持续的训练,学生才能逐步积累训练成果,提升自己的专业技能。然而,很多高校受到训练经费的制约,使得大学生的训练时间主要集中在比赛前的两个月。为了达到理想的训练效果和显著提升运动水平,大学生们必须加倍努力。但这种短时间内的高强度训练,会大幅减少休息时间,不利于运动疲劳的恢复,最终可能影响到运动员在比赛中的表现和最终成绩。因此,尽管高校在比赛临近时组队进行健美操训练可能短期内有一定的冲刺效果,但从长远来看,这并不是一个可持续的策略。

四、体能训练现状

健美操训练涵盖了体能训练、技术训练、心理训练等方面,其中体能训练是基石。健美操因其艺术性和难度性,对学生的体能提出了高标准。若学生体能不足,很难精确完成每个动作,最终影响比赛表现。因此,强化健美操的基础体能训练至关重要。然而,目前许多高校对健美操的体能训练重视不足,即便纳入训练计划,其比重也偏低,这不仅影响了大学生的体质健康,也制约了他们对健美操技能的掌握。

此外,部分高校在健美操的体能与技术训练上存在脱节,两者相互独立,这不仅影响了各自的训练效果,也削弱了整体训练效益。实际上,体能与技术训练是紧密相连的。学生的优质体能是进行技术训练和提高技术水平的基石,而技术训练又能进一步提升学生的专项体能。因此,在健美操训练中,应将体能与技术训练紧密结合,体能训练要融入技术训练中,技术训练也应穿插于专项体能训练中,实现学生体能与技术的同步提升。

第五节　高校健美操训练改革与创新

一、高校健美操训练改革建议

（一）解决经费问题

目前,高校健美操运动训练的主要经费来源依赖于学校体育活动经费和专项运动经费,这种单一的经费来源无法满足运动队在训练中的多样化需求。为了解决这一问题,我们必须积极寻求新的经费来源。鉴于健美操运动的艺术价值和市场化潜力,推动其市场化发展是一个可行的方案。通过吸引社会关注,我们可以从社会上开拓更多的经费来源,如寻求企业赞助、获得社会体育组织的经费支持,以及参加商业比赛赢取奖金等。只有确保经费充足,我们才能解决运动队训练中的重要问题,为运动队提供更好的训练和参赛条件,从而促进其成长与发展。此外,充足的经费也能提高教练员的薪资待遇,进一步激发他们的工作热情。

（二）改善训练设施条件

一个宽敞、舒适且美观的健美操训练环境,与比赛场地相似,能够极大地促进训练氛围的营造,进一步激发健美操运动员的训练热情并提升训练效率。目前,多数高校健美操运动队的队员对于学校所提供的训练场地及设施条件表示不满。鉴于此,高校应当积极着手改善训练环境,努力建设符合标准化要求的健美操运动场馆,并配备专业的训练器材。为实现这一目标,学校应充分利用现有的体育资源,对旧有场馆进行合理改造,及时修补运动器械,确保每一分投入都能达到最优的效果。这不仅能够提升体育资源的使用效率,还能够有效避免资源的浪费。

(三)系统构建训练体系

许多高校仅在比赛临近时才着手组建健美操队伍并展开训练,这种做法不利于运动队在比赛中取得卓越成绩。唯有提前组队,并实施系统而全面的训练,方能达成理想的训练效果。即便高校健美操运动队短期内无比赛任务,亦不应中断训练,否则先前累积的成果将逐渐消退,之前的努力也将付诸东流。

为确保训练的系统性,必须首先确保稳定的训练时间和频率。这要求合理设定并坚持每周的训练次数和每次的训练时长,长期坚持训练计划,以提高训练效果。在比赛临近时,应适当增加训练频次与时长,以寻求更大突破。

高校健美操运动队应制定详尽的训练计划,并依据队伍实际情况制定针对性强且高效的训练方案。这包括合理安排训练内容、方法、运动负荷,将体能训练、技术训练、心理训练及智力训练紧密结合,同时综合运用多种训练方法于健美操训练中,使学生通过有计划的训练逐步提高训练水平。

(四)解决运动员的学训矛盾

高校健美操队的成员们不仅承担着文化课的学业压力,还需完成专业课的作业,同时还要在课余时间进行训练。这种双重身份给他们带来了不小的负担,导致部分运动员难以平衡学业与训练的关系。为了有效解决这一问题,高校相关部门需积极沟通协作,辅导员、教练员和运动员之间也应建立良好的沟通机制。

在重要健美操比赛前,教练员应与辅导员紧密合作,合理安排训练时间,确保运动员既有足够的训练时间,又能兼顾文化课的学习。比赛结束后,还应为运动员安排补课,以弥补因训练而错过的课程内容。

对于因训练而落下文化课的运动员,文化课教师应给予充分的理解和支持,并提供个性化的辅导方案,帮助他们尽快弥补学习上的差距。这样,既保证了运动员的专业训练不受影响,又让他们能够在学业上取得进步。

（五）建设高校健美操培训基地

随着健美操运动的不断发展，尤其是竞技健美操运动水平的提升和竞赛专业性的提升，世界各国在发展健美操事业的过程中越来越重视培养健美操后备人才，而且很多国家在健美操后备人才培养方面逐渐形成了比较成熟的模式，取得了良好的成果，积累了许多成功的经验，值得我国学习和借鉴。我国竞技健美操尤其是学校竞技健美操要领先其他国家，就必须加强后备人才的培养，储备人才力量，这对我国竞技健美操的兴衰有直接的影响。健美操后备人才是我国竞技健美操发展的希望，因此必须提高重视。我国建立健美操培训中心充分体现了国家对培养健美操后备人才的重视。为响应国家的号召，可以考虑在高校建设健美操培训基地，促进基地健美操人才培养与学校健美操教学相辅相成。

当前，我国青少年健美操培训基地的发展水平参差不齐，比较直观的表现是发展规模大小不一，有的培训基地经过多年的发展成为大型健美操后备人才培养基地，基地学生有上百个。而有的培训基地则几年如一日，不温不火，规模小，基地学生仅十几名。基地规模的悬殊不利于健美操运动在中小学生中的普及，也制约了小规模基地对健美操后备人才的培养。在基地训练和管理方面，培训基地非常重视健美操训练，训练时间较长，频率较高，因而训练的系统性、连续性和最终效果还是有所保障的。但一些健美操培训基地因为教练员专业能力有限，因而制约了最终的训练效果和后备人才培养质量。比如，一些年轻的教练员专业知识体系不够完善，理论教学水平低，而且训练理念落后，训练方法单一，再加上经验不够丰富，所以造成了训练不够连续、系统，训练内容分配不合理，训练计划得不到顺利实施以及最终训练效果不理想等问题。此外，在青少年健美操培训基地中，大部分采用集中管理模式，以教练员管理为主体，教练员不仅是健美操教学与训练的主导者，还是基地管理者，进行相对集中的管理。一些教练员因为工作任务重，管理能力欠缺，因而无法担任好管理员的角色，管理效果较差。

针对现阶段我国青少年健美操培训基地存在的问题，高校在建设健美操培训基地的过程中要学习经验、吸取教训，促进基地顺利运作。高校健美操培训基地可以走市场化和社会化相结合的道路，制定市场开发战略，实施自我经营，依靠市场规律办事，提升市场竞争力，从而更好地走向社会和市场，加快基地的社会化进程，提升市场化水平，获取社会力量的资助,不断扩大市场规模和影响力。在基地管理方面,应突破传统的集中制单一管理模式,并加强对基地健美操师资的管理,对教练员培训制度加以完善,促进教练员专业教学能力和训练能力的提升。此外,为促进教练员工作积极性的提高,还应建立激励制度,注重物质奖励和精神奖励。而且,减轻教练员的工作负担也很重要,为教练员合理安排工作任务,使其在自身的精力和能力范围内将重要工作任务完成得更加出色。此外,高校健美操培训基地的训练体制应该是系统的、完整的,应包含运动员选拔、训练、输送、等级评定及比赛等一系列环节,加强人才梯队建设,使人才的选拔、培养和输送更加规范、有序。基地也要注重面向运动员进行健美操教学,完善教学体制,促进教学与训练的相互补充。

二、高校健美操训练方法的创新

在高校健美操训练中,如何有效地提升训练效果,帮助学生更快地掌握技巧和提高表现力,一直是教师关注的问题。为实现健美操训练效果的提升和新突破,必须加强对训练方法的改革与创新,不断丰富训练方法体系,引进先进的训练方法与手段,充分发挥创新性训练方法的作用。下面简要分析一些训练新方法在高校健美操训练中的应用。

(一)表象训练

近年来,表象训练法逐渐受到了广大教练员和学者的关注,其在高校健美操训练中的应用也逐渐得到了实践和推广。表象训练法,又称为心理演练法,是一种通过心理暗示和模拟演练来提高技能和心理素质的训练方法,它基于人类大脑对信息的处理和记忆机制,通过模拟和想象来强化技术动作的记忆和执行能力。在高校健美操训练中,表象训练法可以帮助学生更好地掌握技术细节,提高动作的准确性和流畅性。

表象训练法在高校健美操训练中主要应用于以下几个方面。

1.技术动作的模拟和巩固

运用表象训练法,学生可以在大脑中对技术动作进行模拟和演练,加深对动作的理解和记忆。这种心理演练可以帮助学生在实际训练中更快地掌握技术细节,提高动作的准确性和流畅性。同时,表象训练法还可以帮助学生巩固已掌握的动作,避免在训练中出现遗忘或错误。

2.情绪调节和心理准备

健美操比赛不仅需要学生具备高超的技术水平,还需要良好的心理素质。表象训练法可以通过模拟比赛场景和情绪调节,帮助学生在训练中更好地应对压力和挑战。通过反复的心理演练,学生可以更好地调整自己的心态,提高自信心和比赛应对能力。

3.个性化训练计划的制订

每个学生的技术水平和心理素质都有所不同,因此,制订个性化的训练计划对于提高训练效果至关重要。运用表象训练法可以根据每个学生的具体情况,制定针对性的训练计划。通过模拟和想象,教练员可以更好地了解每个学生的技术瓶颈和心理需求,从而制订出更加符合学生实际的训练计划。

总之,表象训练法在高校健美操训练中的应用具有重要意义,它不仅可以帮助学生掌握技术细节,提高动作的准确性和流畅性,还可以帮助学生调节情绪、提高心理素质。因此,在高校健美操训练中,教练员应该积极探索表象训练法的应用技巧,充分发挥该方法的最大价值。

(二)核心稳定训练

在健美操的训练过程中,仅仅依赖舞蹈和音乐的训练是远远不够的。为了确保学生能够稳定、准确地完成动作,并有效预防受伤,核心稳定训练法逐渐被引入高校健美操训练中。

核心稳定训练,又称为核心力量训练,是指通过一系列专门设计的练习,强化身体核心区域(包括腹部、背部和骨盆周围的肌肉群)的稳定性和力量。这些肌肉群在维持身体姿势、平衡和动作执行过程中发挥着至关重要的作用。

将核心稳定训练法应用于高校健美操训练中具有重要意义,通过核心稳定训练,学生可以更好地控制身体姿势和动作轨迹,使动作更加准确、流畅;该方法能够增强学生的身体协调性,帮助学生更好地协调上下肢的动作,使整体动作更加协调、自然;通过核心稳定训练强化核心区域肌肉群的力量和稳定性,还可以有效预防因身体姿势不稳或动作不规范而导致的运动损伤。鉴于核心稳定训练的重要作用,在高校健美操训练中应适时应用该方法,具体可以从以下几方面落实。

第一,基础力量训练。运用核心稳定训练法进行基础力量训练,如平板支撑、俯卧撑等,以提高核心区域肌肉群的力量和稳定性。

第二,动作稳定性训练。在健美操动作训练中注重正确身体姿势和动作稳定性的培养。例如,在跳跃动作中,要求学生保持身体直立,通过核心区域肌肉群的收缩和稳定,确保跳跃的高度和远度。

第三,动作转换训练。健美操中涉及多种动作的快速转换,要求学生在短时间内完成不同的动作组合。通过核心稳定法的训练,学生可以更好地掌握动作转换的技巧,提高动作转换的速度和质量。

(三)形体训练

在健美操的训练中,形体训练扮演着举足轻重的角色。形体训练不仅有助于塑造学生优美的身姿,还能提升他们的身体协调性和表现力,使健美操的动作更加流畅、优雅。

形体训练是健美操训练的基石,它主要包括身体姿态的训练、身体各部位肌肉的控制和协调以及身体柔韧性的提升。通过形体训练,学生可以更好地掌握健美操的基本动作,使每一个动作都更加标准、规范,动作衔接更加流畅,富有感染力。同时,形体训练还能帮助学生培养正确的身体姿势,使他们的站姿更加挺拔,坐姿更加优雅,也能避免因为错误的姿势而导致身体受伤。此外,形体训练还有助于提高学生的自信心和心理素质,使他们在比赛中更加从容自信。

健美操不仅需要学生掌握标准的动作,更需要他们将这些动作以富有表现力的方式呈现出来。形体训练通过对学生身体柔韧性和肌肉控制的训练,使学生能够更加自如地展现健美操的韵律和美感。同时,形体训练还能帮助学生更好地理解音乐节奏,使他们的动作与音乐更加和谐统一。

在高校健美操教学中,形体训练的实施可以通过多种方式进行。

首先,可以利用基础体操动作进行形体训练,如站姿、坐姿、走姿等,帮助学生建立良好的身体姿势。

其次，可以通过舞蹈元素的引入，增加形体训练的趣味性和多样性。

最后，还可以结合瑜伽、普拉提等运动形式，进一步提升学生的身体柔韧性和协调性。

第四章

高校健美操教学训练一体化的理论与实施

随着高校健美操教学的深入改革和健美操训练的不断创新,高校健美操教学质量不断优化,训练水平不断提升,但健美操教学与训练的长期分割最终不利于高校健美操的可持续发展。为了满足大学生在健美操运动实践中不断增加的学习需求,高校应尝试推进健美操教学与训练的一体化,构建二者融合的一体化模式,并在模式的运作与实施中总结经验,发现问题,从而不断完善一体化模式,提升模式应用效果,促进高校健美操教学训练的与时俱进和持续发展。本章主要对高校健美操教学训练一体化的理论与实施进行研究,内容主要包括高校健美操教学训练一体化的内涵、教学训练一体化的有效性、一体化模式构建与预期效益以及一体化的具体内容与实施方法。

第一节 高校健美操教学训练一体化的内涵

教学训练一体化,顾名思义,是将教学与训练紧密结合起来,形成一个有机整体。高校健美操教学训练一体化是指在高校健美操教学过程中,将健美操的教学与训练紧密结合,形成一个完整的教学体系。在这个体系中,教学为训练提供理论支持和技能指导,而训练则是对教学内容的实践和检验。这种一体化模式有助于学生在理论学习与实践操作之间找到平衡点,更好地掌握健美操技能。高校健美操教学训练一体化旨在使健美操教学和训练相互促进、相互配合,通过科学的计划和综合的方法,全面提升学生的健美操素养,如健美操知识素养、健美操技能水平、健美操团队精神、竞技与合作意识等综合素质。

在高校健美操教学训练一体化中,教师和教练密切合作,共同制订个性化的教学训练一体化计划,定期评估学生的健美操学习情况和训练效果,及时调整教学训练一体化实施方案,以确保学生得到全面的指导和支持。

高校健美操教学训练一体化是对当前健美操教学模式的改进与创新,在原有健美操教学基础上更新了健美操教学理念和方法,能够推动高校健美操教学的发展。

第二节 高校健美操教学训练一体化的有效性

高校改变健美操教学与训练脱节的现状,推动健美操教学训练一体化,对促进学生的全面发展和健美操在高校的持续发展具有重要意义。下面具体分析高校健美操教学训练一体化的有效性。

一、实现健美操课程理论教学与实践教学的深度融合

高校健美操教学训练一体化的落实,不仅能够使学生在课堂上学习健美操的理论知识,还能立即进行实践操作,从而更好地掌握健美操的知识与技能。这种学以致用的方法有助于将课堂上的理论知识形象化和具体化,使原本抽象的课堂知识变得更为具体和生动。

二、增强学生的学习兴趣和动力

传统的健美操教学往往缺乏趣味性和互动性,使得学生在学习过程

中难以保持持续的兴趣和动力。而教学训练一体化则可以通过引入多元训练因素,如游戏、竞赛等,使课堂更加生动有趣,从而激发学生的学习兴趣和动力,使其更加主动地参与到健美操的学习和训练中。

三、培养学生的自主学习能力和团队合作精神

高校健美操教学训练一体化强调学生的主动性和参与性,鼓励学生自主学习、自主探究,从而培养学生的自主学习能力。同时,健美操集体训练中的团队合作环节也能够有效培养学生的团队合作精神和协作能力,使其在未来的社会生活和职业发展中更加具备竞争力。

四、促进健美操运动的普及和发展

高校通过落实健美操教学训练一体化,可以使更多的学生了解和接触健美操运动,进而提升健美操运动的普及率。同时,一体化的推进也能够在健美操训练实践中促进健美操运动技术不断创新和发展,为健美操运动的长期发展注入新的活力。

第三节　高校健美操教学训练一体化的模式构建与预期效益

一、高校健美操教学训练一体化模式的构建思路

(一)明确健美操教学训练一体化的目标

构建高校健美操教学训练一体化模式,主要是将健美操理论教学与训练实践有机结合,形成一个相互关联、相互促进的教学训练体系,从而培养学生的兴趣,增强学生的身体素质,提高学生的健美操技能水

平、团队协作能力和创新精神,并使健美操运动队的成员能够兼顾理论学习和实践训练,提升其综合素养。

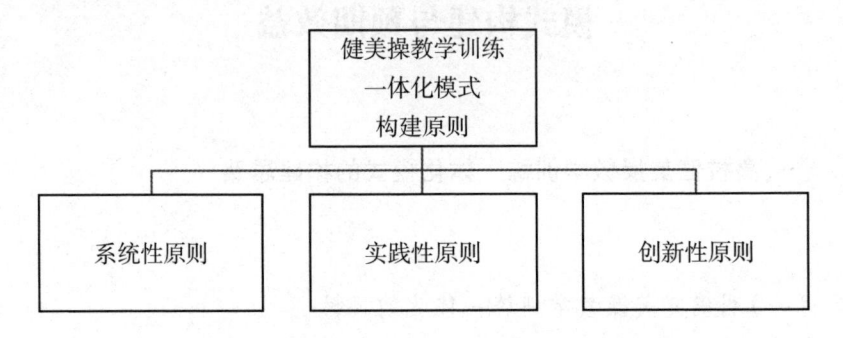

(二)遵循健美操教学训练一体化模式构建的基本原则

构建健美操教学训练一体化模式要遵循三个基本原则(图 4-1)。

1. 系统性原则

在构建健美操教学训练一体化模式的过程中要遵循系统性原则,主要是将健美操的理论知识、基本技能和实际应用作为一个整体系统进行规划与设计,确保各部分内容相互衔接、相互支撑。

2. 实践性原则

在健美操教学训练一体化模式的构建中还要贯彻实践性原则,教师要注重学生的实践训练,通过实际操作和演练,使学生更好地掌握健美操技能,提高实际应用能力。

3. 创新性原则

创新性原则也是高校构建健美操教学训练一体化的重要原则之一,遵循该原则要求教师鼓励学生在掌握健美操基本知识和技能的基础上进行创新和探索,培养学生的创新精神和创造力。

图 4-1　健美操教学训练一体化模式构建原则

（三）厘清健美操教学训练一体化模式的实施步骤

健美操教学训练一体化模式的实施步骤包括以下几个环节。

1. 制订教学计划

实施健美操教学训练一体化模式，首先要制订合理的教学计划，具体要根据教学目标和学生的实际情况制订，明确一体化实施的教学内容、教学方法和教学进度。

2. 优化教学内容

在初步制订教学计划的基础上，要对教学内容进行优化和完善，具体要结合健美操的最新发展趋势和学生的实际需求去优化教学内容，使之更加贴近实际、更具实用性。

3. 创新教学方法

实施健美操教学训练一体化模式要采用多种教学方法，如案例教学、情景模拟、小组合作等，还要注意将以身体练习为主的训练法重视起来，如游戏训练、竞赛训练等，从而激发学生的学习兴趣，提高教学效果。

4. 加强实践训练

在健美操教学训练一体化模式的实施中，教师要合理把握理论教学时间和实践教学时间，尽可能安排充足的实践训练时间，让学生在实践中掌握技能、积累经验，提高实际应用能力。

5. 建立评价体系

建立科学、合理的评价体系也是健美操教学训练一体化模式实施的重要环节之一。在健美操教学实践中实施教学训练一体化模式，经过一段时间的尝试，要对学生的学习成果进行客观、全面的评价，以便及时调整模式，提高教学效果。

（四）落实健美操教学训练一体化模式的保障措施

1. 加强师资队伍建设

健美操教师是健美操教学训练一体化模式的实施者，健美操教师的专业素养直接决定该模式的实施效果。为了保障健美操教学训练一体化模式的顺利实施，高校应加强对健美操教师的培训，提高他们的专业素养和教学水平。同时，还应积极引进优秀的健美操教师，为学生提供更专业的教学指导。

2. 完善教学设施

无论是健美操教学、健美操训练还是健美操教学训练一体化，都离不开充足的、优质的教学设施，这是确保一体化模式顺利实施的基础保障条件。因此，高校应加大对健美操教学设施的投入，为学生提供良好的训练环境。例如，可以建设专业的健美操训练室，配置先进的音响、灯光等设备，以提高训练效果。

3. 加强与社会的联系

为了将丰富的健美操实践活动充分融入校园健美操教学中，高校应积极与社会上的健美操俱乐部、健身中心等机构建立合作关系，为学生提供更多的实践机会和展示平台。

4. 定期举办比赛和活动

高校通过定期举办校内外健美操比赛和实践活动，能够激发学生的学习兴趣和热情，使学生在比赛中发现自身与他人的差距，从而有针对性地学习和训练，查漏补缺，提高学生的竞技水平和实践能力。

二、高校健美操教学训练一体化模式的构建策略

高校健美操教师必须深刻认识到健美操理论教学与实践训练密不可分，二者都非常重要。在健美操日常教学中要有意识地将实践训练渗透其中，在实践训练中也要将理论知识穿插进去，两头并重，同步进行健美操理论教学与实践训练，切忌理论与实践的分离或偏颇一方。为了

保证健美操理论教学与实践训练的同步进行,必须采取以下措施构建高校健美操教学训练一体化模式。

(一)加大推广宣传力度

随着高校体育教育的深入改革,高校有关部门对健美操教育越来越重视,并进行了关于构建健美操教学训练一体化模式的新尝试,为顺利构建高校健美操教学训练一体化模式,高校有关部门必须进一步宣传与推广健美操运动,使学生和教师都认识到健美操理论教学和实践训练都非常重要,从思想上重视教学和训练,从而解决教学训练一体化模式构建过程中面临的问题。在宣传推广的同时还要加大各方面的投入力度,将先进、实用的健美操教学与训练设备引进学校,为顺利开展健美操教学训练活动奠定基础。

(二)制订科学的教学与训练计划

制订科学的教学与训练计划是高校健美操教学与训练一体化的核心。教学计划需要基于学生的实际情况、教学目标和可用资源来制订。首先,通过对学生体质、健美操技能水平和兴趣爱好的全面评估,确定学生的起点和需求。接着,结合教学目标,如提高学生身体素质、培养运动兴趣和提升团队协作能力,我们可以设定明确、可衡量的短期目标。同时,在教学中可通过引入多元化的教学方法与手段,如情境教学、游戏化教学等,激发学生的学习兴趣,提高教学效果。

在训练计划的制订中,可以借鉴运动训练学的理论,如周期性训练、负荷递增等,确保训练的科学性和有效性。具体可以根据学生的体能状况、运动水平,合理安排训练强度、训练量和训练频率,确保学生在适度的负荷下逐步提高。

为促进健美操教学与训练的有机结合,教学计划与训练计划的制订要结合进行,教学内容与训练内容要一致,教学方法与训练方法可互相借鉴,教学评价与训练评价也应该有相同的指标,从而更好地检验教学质量和训练效果。

（三）引入多元化的教学方法与手段

在高校健美操教学中，引入多元化的教学方法与手段至关重要。传统的健美操教学模式往往以示范和模仿为主，缺乏互动和创新，难以激发学生的学习兴趣和动力。因此，我们需要探索和实践多元化的教学方法，以适应不同学生的学习需求和兴趣点。

首先，我们可以引入游戏化的教学方法。通过将健美操动作与游戏相结合，让学生在游戏中学习和掌握动作技巧，增加学习的趣味性和互动性。游戏本身就是以身体练习为主的，将游戏化教学方法引入健美操教学中，其实是一种有趣的健美操教学训练相结合的方式。例如，可以设计一些健美操主题的闯关游戏，让学生在完成游戏任务的同时，也提升了健美操运动水平。

其次，我们可以利用现代科技手段，如虚拟现实（VR）和增强现实（AR）技术，为学生创造更加沉浸式的学习体验。通过模拟真实的健美操场景，让学生在虚拟环境中进行练习和互动，不仅可以提高学习效果，还能增强学生的参与感和兴趣。

最后，我们还可以借鉴其他领域的教学方法，如体育教育中的合作学习法和自主学习法。通过组织小组活动，让学生在互相合作和竞争中学习和进步，培养学生的团队协作能力和自主学习能力。同时，也可以引入一些创新性的评估方式，如自我评价和同伴评价，以激发学生的学习积极性和创造力。

（四）建立健美操俱乐部

在高校健美操教学训练一体化模式的构建中，还可以采取建立健美操俱乐部的策略，充分发挥高校健美操俱乐部的作用。高校健美操俱乐部教学也逐渐成为高校健美操教学的一个新模式，这一模式是健美操教学与训练一体化的典型代表，能够将健美操理论教学与实践训练很好地融合在一起。

建立高校健美操俱乐部具有重要意义，最主要的就是促进学生身心健康，通过俱乐部举办的健美操活动，能够锻炼学生的身体，又能使学生愉悦心情。高校健美操俱乐部为学生提供了一个锻炼身心、释放压力的平台。俱乐部的活动一般以集体活动为主，而且健美操运动需要团队成员之间的默契配合,学生在活动中通过不断的练习和磨合,可以塑造团队协作精神,增强集体荣誉感。健美操俱乐部也为学生提供了一个拓展兴趣爱好的空间,使他们在忙碌的学习生活中参加自己感兴趣的体育活动,丰富了校园生活。

建立高校健美操俱乐部,首先要成立筹备小组,明确俱乐部的宗旨、目标和定位。同时,对校园内的场地、设施等资源进行调查,确保俱乐部的正常运营。在筹备工作结束之后,要招募成员,具体通过校内宣传、海报张贴、线上推广等方式,吸引对健美操感兴趣的学生加入俱乐部。在招募过程中,要强调俱乐部的特色和优势,提高吸引力。对于新加入的会员,要组织专业的健美操教练进行培训,教授基本的健美操技能和理论知识。同时,定期邀请业内专家举办讲座,提高会员的专业水平。为满足会员的需求和兴趣,俱乐部要定期开展一些比赛、表演、交流等活动。通过活动,增强会员之间的凝聚力,提高俱乐部的知名度,并进一步践行健美操教学与训练一体化的理念和模式。

当前,高校健美操俱乐部的建设面临一些困境,如资金短缺、教练资源匮乏、会员流失等。作为非营利性组织,高校健美操俱乐部的资金来源主要依靠学校支持和会员自筹。然而,在实际运营过程中,资金往往难以满足需求。俱乐部要解决这一问题,可以尝试与企业合作、寻求社会赞助,通过这些方式筹集资金。同时,俱乐部要制定合理的收费标准,确保俱乐部的正常运转。优秀的教练是健美操俱乐部成功的关键,然而,目前市场上健美操教练供不应求,导致教练资源紧张。面对这一问题,俱乐部可以与体育院校、专业培训机构等建立合作关系,共享教练资源。同时,鼓励会员互相学习、共同进步,形成良好的教练梯队。最后针对俱乐部会员流失的问题,需要俱乐部密切关注会员的需求和反馈,不断优化活动内容和服务质量。同时,要进一步加强与会员的沟通联系,定期了解他们的想法和建议,让会员感受到俱乐部的关怀和温暖,减少会员流失。

三、高校健美操教学训练一体化模式的预期效益

（一）人才培养效益

随着社会的不断发展，市场对人才培养提出的要求越来越多，也越来越高，为满足社会发展的要求，高校要加强对全方位人才的培养，从而促进学生将来在市场上竞争力的提升。健美操教学训练一体化模式的构建能够促进高校教育与社会市场的紧密联系，能够更好地根据社会要求培养全面发展的现代化综合型人才，促进高校健美操教学目标、训练目标的同步实现。高校健美操教学训练一体化模式的这一效益又能够使高校有关部门进一步认识到教学训练一体化的重要性和现实意义，从而继续给予高度重视和大力支持，促进该模式的不断完善和顺利实施。

（二）校园文化建设效益

高校健美操教学与训练一体化，不仅是健美操教学的一项创新，更是推动校园文化建设的重要力量。健美操作为一种充满活力、富有节奏感的体育项目，深受广大学生喜爱。通过将健美操教学与训练相结合，不仅能够提高学生的身体素质和运动水平，还能在潜移默化中营造良好的校园文化氛围，推动校园文化的繁荣发展。健美操是集体性运动项目，需要学生相互协作、默契配合。在训练和表演过程中，学生不仅增进了彼此之间的友谊和信任，还培养了团队合作意识和集体荣誉感。这种积极向上的精神风貌，无疑为校园文化注入了新的活力。此外，在健美操教学训练一体化的过程中，高校举办各类健美操比赛、表演和展示活动，吸引更多学生参与其中。这些活动不仅为学生提供了展示自我、锻炼才能的平台，还丰富了校园文化生活，营造了浓厚的艺术氛围。

第四节 高校健美操教学训练一体化的具体内容与实施方法

一、高校健美操教学训练一体化的具体内容

(一)健美操课内外一体化

高校健美操课内外一体化是一种将课堂学习与课外活动相结合的教育模式,旨在通过综合教育手段,提高学生的健美操技能和身心健康水平。这种模式不仅注重学生在课堂上的学习,还鼓励学生积极参与到课外的健美操活动中,从而达到全面发展的教育目标。

在课堂学习方面,高校健美操课程应该注重理论与实践的结合。教师不仅要传授基本的健美操技能和知识,还要让学生了解健美操的起源、发展等背景信息。此外,教师还应该注重培养学生的自主学习能力和创新意识,通过引导学生进行探究式学习,激发他们的学习兴趣和动力。

在课外活动方面,高校应该组织丰富多彩的健美操活动,如校园健美操比赛、健身操俱乐部等,为学生提供更多的实践机会和展示平台。通过这些活动,学生可以更好地将课堂上学到的知识和技能应用到实践中,提高自己的健美操水平。

高校健美操课内外一体化需要学校、教师和学生共同努力。学校应提供充足的场地和器材,为健美操课内外活动的开展提供必要的保障;教师应该注重教学方法的创新和改革,提高教学质量,并对学生的课后健美操活动进行指导;学生应该积极参与到课堂学习和课外活动中,不断提升自己的健美操技能和健康水平。

(二)健美操教学与体能训练一体化

随着高校健美操教育的不断发展和创新,健美操教学和体能训练的融合受到了很多健美操教师的重视,形成了健美操教学与体能训练一体化的教学模式。这种教学模式旨在提高学生的身体素质和综合能力,为他们的全面发展打下坚实的基础。健美操作为一种受欢迎的体育运动,不仅具有优美的舞姿和动感的音乐,还能够有效锻炼身体的各个部位,提高身体的柔韧性和协调性。通过健美操的学习,学生可以培养正确的身体姿势和节奏感,塑造健美的体形,提升自我形象。而体能训练则是提高学生身体素质的重要手段。通过力量、速度、耐力、灵敏等各方面的训练,可以全面提升学生的身体素质和运动能力。将健美操教学与体能训练相结合,可以充分发挥两者的优势,实现教学效果的最大化。在健美操教学中,通过不断的动作练习和节奏感的训练,可以提高学生的身体协调性和灵活性。合理安排一般体能训练和健美操专项体能训练,则能够进一步增强学生的身体素质,为他们提高健美操技能水平提供更多的动力和支持。

健美操教学与体能训练一体化还能够促进学生的全面发展。通过综合训练,不仅可以提升学生的身体素质,还能够培养学生的自信心、团队合作精神和创造力。这种教学模式注重学生的个体差异和全面发展,有助于培养学生的综合素质和竞争力。

总之,健美操教学与体能训练一体化是一种具有创新性和实效性的教学模式,高校应该进一步推广和完善这种教学模式,让更多学生受益。

(三)健美操教学与形体训练一体化

大学生对健康和美的追求日益增强,越来越多的大学生开始关注自己的体形和身体素质。健美操作为一种集健身、塑形、娱乐于一体的运动方式,受到了大学生的喜爱。然而,传统的健美操教学往往只关注动作的准确性和节奏的把握,忽视了形体训练的重要性。为了更全面地提升大学生的身体素质,帮助他们塑造健美的体形,健美操教学与形体训练应实现一体化。健美操教学与形体训练一体化的核心理念在于两者相互融合,共同作用于人的身体。健美操教学注重动作的准确性和节奏的把握,通过反复练习和锻炼,可以提高身体的协调性和灵活性。而形体训练则强调对身体各部位肌肉的均衡发展和线条的塑造,通过科学的训练方法,可以塑造出健美的体型。

高校在健美操教学与形体训练一体化的尝试中,应在健美操教学内容和方法上进行改革创新,教学内容应涵盖健美操的基本动作和技巧,同时也要注重形体训练的相关知识和方法。在教学过程中,可以通过引入一些形体训练的元素,如瑜伽、普拉提等,来丰富教学内容,提高教学效果。教学方法上应注重个性化和差异化,根据不同学生的身体状况和需求制订针对性的形体训练计划,使每个学生都能拥有健康优美的体形。

健美操教学与形体训练一体化特别强调理论与实践的结合,在教学过程中要引导学生理解形体美的内涵和标准,帮助他们树立正确的审美观和健康观。同时,还可以通过举办一些形体展示和比赛活动激发学生的训练热情,提高训练效果。

二、高校健美操教学训练一体化的实施策略

我国高校体育课程内容较丰富,学生可以根据自己的兴趣自由选择体育课程,提高了学生的学习积极性。在高校中开展健美操课程时,也可以给学生提供多种选择,营造轻松、舒适的环境,让学生在健美操学习中获得较好的体验。具体可以从以下几个方面实施。

(一)丰富健美操教学训练一体化内容

在高校健美操教学训练一体化实施中,丰富一体化内容对于提高教学效果和激发学生的学习兴趣至关重要。为了丰富健美操的教学内容,可以引入多元化的舞蹈风格。除了常见的现代舞和拉丁舞,还可以引入街舞、爵士舞、民族舞等不同风格的舞蹈元素。这些风格各异的舞蹈不仅能够增加教学的趣味性,还能让学生体验到不同舞蹈文化的魅力,拓宽他们的艺术视野。此外,在健美操训练中,可以加强对学生身体素质的培养。除了基本的柔韧性、协调性和力量训练,还可以引入平衡训练、灵敏性训练等多元化的身体素质训练。这些训练能够全面提高学生的身体能力,为他们掌握健美操技能、提高运动水平和取得优异的成绩打

下坚实基础。

此外,将音乐元素与健美操教学训练相结合也是丰富一体化内容的重要途径。通过引入不同风格的音乐,如流行音乐、古典音乐、民族音乐等,让学生在音乐的伴奏下进行健美操训练,不仅能够增强他们的节奏感,还能让他们更好地感受音乐的韵律美,提升艺术修养。同时,我们还可以在健美操教学训练中引入竞赛和表演的元素。通过组织定期的健美操比赛和表演活动,让学生展示自己的技能和风采,激发他们的学习热情和竞争意识。这些活动不仅能够提高学生的技能水平,还能培养他们的团队协作精神和自信心。

(二)为一体化模式的实施提供资金支持

高校健美操教学训练一体化模式的顺利推进面临着诸多挑战。其中,资金短缺的问题尤为突出。由于缺乏足够的资金支持,许多高校难以购买高质量的健美操器材、聘请专业的教练团队、组织丰富多彩的实践活动等。这不仅影响了健美操教学和训练的质量,也限制了学生参与健美操运动的热情和积极性。解决这个问题需要从多个方面着手,为高校健美操教学训练一体化模式的实施提供资金支持。首先,政府应加大对高校体育教育的投入力度,提高体育教育经费的占比。同时,可以设立专项资金,用于支持健美操等体育项目的开展。其次,高校自身也应积极筹措资金,通过校企合作、社会捐赠等方式,吸引更多的社会力量参与健美操教学的支持。此外,还可以探索建立健美操教学训练的市场机制,通过举办健美操比赛、开设健美操课程等方式,吸引更多的学生参与其中,从而实现良性循环。

高校具备资金条件后,要购买高质量的健美操器材和装备,确保学生在安全、舒适的环境中进行练习。高校还可以考虑聘请专业的教练团队,他们不仅具备丰富的教学经验,还能够根据学生的实际情况制订个性化的训练计划。此外,还可以投入一部分资金组织丰富多彩的健美操实践活动,如举办校内外健美操比赛、健美操文化节。

总之,为高校健美操教学训练一体化模式的实施提供资金支持是推动该模式顺利推进的关键。通过政府、高校和社会各界的共同努力,能够有效解决高校健美操发展的资金问题,为高校健美操的发展创造更好的条件。

(三)完善健美操运动设施

健美操教学训练设施是高校开展健美操教学训练的物质基础,其完善程度直接影响到教学质量和学生的训练效果。良好的设施条件能够为学生提供更加宽敞、舒适的训练空间,专业的器材和音响设备能够更好地激发学生的学习兴趣和潜力。

目前,虽然很多高校都开始了健美操教学训练一体化的尝试,但是教学训练设施的状况却不乐观。很多高校由于资金、场地等原因,教学设施相对简陋,无法满足学生的需求。较少一部分高校投入了充足的资金和精力建设高水平的健美操训练馆。为了更好地完善高校健美操教学训练设施,高校需要加大资金投入力度,在充分认识健美操教学训练一体化的重要性后,增加资金投入,改善教学训练的设施条件。可以通过政府拨款、社会捐赠等多种渠道筹集资金,促进健美操设施的完善。除了增加投入外,高校还应该合理规划健美操场地,确保场地的充足和合理利用,也可以利用现有场馆进行改造和升级,以满足教学训练的需求。

此外,高校应该积极引进先进的健美操器材,如专业的音响设备、舞蹈镜子、地板等,以提供更好的教学与训练条件。同时,还要加强对器材的维护和保养,确保器材的正常使用。

健美操运动设施既包括硬件设施,也包括软件设施,在软件设施方面,要加强对健美操教师的培训和考核,提高他们的教学水平和专业素养,可以邀请专业的健美操教练进行授课和指导,也可以组织教师参加相关的培训和学习活动,不断提高他们的业务能力。不仅如此,高校还应该积极丰富健美操教学资源,如教材、视频等,以提供更多的教学选择。可以通过购买、自制、网络下载等方式获取资源,确保教学与训练内容的多样性和丰富性。

(四)定期组织举行健美操比赛

为了促进健美操教学训练一体化的顺利实施,高校需要定期组织健美操比赛,这种举措不仅能够丰富校园文化生活,还能进一步推动健美操在高校中的普及与发展。健美操比赛对于教学训练具有积极促进作用,健美操比赛是对学生所学健美操技能的一次全面检验,它能够帮助学生发现自己的不足之处，从而在日常的训练中更加有针对性地进行改进。同时，比赛还能够培养学生的竞技精神，让他们在训练中更加投入，不断提高自己的技能水平。健美操比赛也为教学训练提供了宝贵的反馈机制。在比赛中，学生可以直观地看到自己的表现与其他同学的差距，这种直观的反馈能够让他们更加清晰地认识到自己在技术、节奏、表现力等方面的不足。这种反馈机制对于教学训练来说至关重要，它能够帮助教师更加准确地把握学生的学习进度和训练效果，从而调整教学训练计划，提高效果。

在高校健美操教学训练一体化模式下，健美操的教学与训练不再是孤立的两个环节，而是相互融合、相互促进的过程。通过比赛，学生可以将所学到的理论知识与实际操作相结合，更加深入地理解和掌握健美操的技巧和精髓。同时，比赛还能够激发学生的学习兴趣和热情，让他们更加主动地参与到教学训练中来，形成良性循环。

（五）提高健美操师资队伍的专业水平

要实现高校健美操教学训练一体化的构建目标，就必须拥有一支具备高度专业水平的健美操师资队伍。对此，高校应加大对健美操师资队伍建设的投入力度，引进和培养更多具备专业素质的健美操教师。在招聘过程中，应严格筛选，确保应聘者具备扎实的健美操理论基础和实践经验。同时，高校还可以与国内外知名健美操专家、教练建立合作关系，邀请他们来校举办讲座、培训班等活动，为健美操教师提供更多学习和交流的机会。

为提高健美操教师的专业水平，高校应建立完善的培训体系，这包括定期组织内部培训、外出培训、在线课程等多种形式。培训内容应涵盖健美操理论、教学方法、动作技巧、运动损伤预防等多个方面，确保教师能够全面掌握健美操教学的相关知识。此外，高校还应鼓励教师参加各类健美操比赛和展演活动，以锻炼教师的实践能力和提高教学水平。

科研是推动健美操教学与训练发展的重要动力。高校应鼓励健美操教师积极参与科研项目，深入研究健美操教学的理论与实践问题。通过科研活动，教师可以不断总结经验，探索新的教学训练方法和手段，提高实践效果。同时，高校还可以与国内外其他高校和研究机构建立合作关系，共同推动健美操教学训练一体化研究的深入发展。

除了专业技能和科研能力的提升,高校还应注重培养健美操教师的教育理念和职业道德。健美操教师应具备良好的教育教学理念,关注学生的全面发展,注重培养学生的兴趣和特长。同时,健美操教师还应遵循职业道德规范,以身作则,为学生树立榜样。高校可以通过举办师德师风建设活动、教学比赛等,激发教师的职业荣誉感和责任感,提高教师的专业素养和职业道德水平。

高校健美操师资队伍的提升有助于提高健美操教学训练一体化的实施质量,专业水平高的师资队伍能够自觉积极地创新健美操教学方法和手段,能够在健美操教学训练过程中根据学生的特点和需求采用多样化的教学训练方法,如启发式教学、游戏训练等,激发学生的学习兴趣和积极性。同时,在现代教育技术不断发展的背景下,健美操教师的信息化教学能力也会不断提升,从而借助现代科技手段,如多媒体教学、网络教学等,丰富教学手段,提高教学效果。

第五章

高校健美操教学训练一体化模式的多元构建及应用

高校健美操教学训练一体化包含多方面的内容，主要有健美操课内外一体化、健美操教学与体能训练一体化、健美操教学与形体训练一体化等。构建这些多元的一体化模式，能够更加充分地进行健美操教学训练一体化实践，将健美操教学与训练实践充分结合，从而丰富教学模式，促进训练发展，提高一体化实施效果。本章主要对这三个方面一体化模式的构建及应用展开研究。

第一节 高校健美操课内外一体化模式的构建及应用

高校健美操课内外一体化是指将健美操课堂教学与课外训练结合起来，从而培养学生的学习兴趣，使学生在课外训练中加深对课堂教学内容的理解，从而提高教学质量。健美操课内外一体化也强调对有天赋、有潜力的学生进行进一步的训练和培养，从而培养优秀的健美操人才。传统的健美操教学模式往往局限于课堂教学，缺乏与课外训练的有机结合，导致学生在课堂上学习的知识难以转化为实际应用能力。因此，构建高校健美操课堂教学与课外训练一体化模式显得尤为重要。

一、高校健美操课外训练的方式

健美操作为一项融合了体操、舞蹈和音乐等多种元素的运动,不仅具有独特的韵律美,还能提高身体的协调性和灵活性。随着大学生健康意识的日益增强和高校健美操运动的不断普及,越来越多的大学生选择参加课外健美操训练,以锻炼身体、减肥塑形、提升运动能力。大学生课外健美操训练的方式主要有以下几种,如图 5-1 所示。

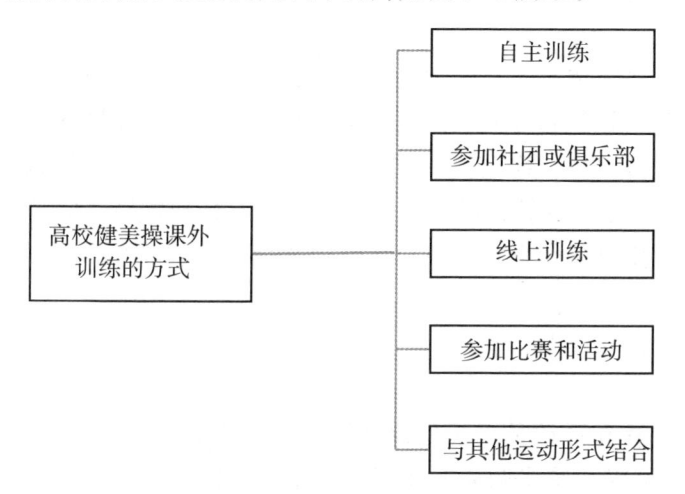

图 5-1　大学生健美操课外训练方式

(一)自主训练

自主训练是大学生课外健美操训练的一种常见方式。学生可以在课余时间自行选择适合的健美操视频或音乐,在学校的空旷场地进行练习。自主训练的优点在于灵活自由,不受时间和地点的限制,学生可以根据自己的节奏和喜好进行调整。然而,自主训练也需要学生具备较强的自律性和自我管理能力,以确保训练的有效性和持续性。

(二)参加社团或俱乐部

许多高校都设有健美操社团或开设健美操俱乐部,这为学生参与健美操训练提供了更多的机会。通过参加社团或俱乐部,学生可以在专业教练的指导下进行系统的训练,学习更多元化的健美操动作和技巧。此外,社团或俱乐部还能为学生提供与其他同学交流和互动的平台,增强团队合作和社交能力。但需要注意的是,参加社团或俱乐部需要支付一定的费用,并可能受到时间和地点的限制,需要学校提供支持,帮助学生解决问题。

(三)线上训练

随着互联网技术的发展,线上健美操训练逐渐成为一种新型的训练方式。学生可以通过手机、平板或电脑等设备观看在线教学视频,跟随专业教练进行训练。线上训练的优点在于方便快捷,学生可以随时随地进行学习,同时还能享受到更多元化的教学内容和风格。但是,线上训练也需要学生具备较强的自我管理能力,以确保训练的质量和效果。

(四)参加比赛和活动

参加比赛和活动是大学生课外健美操训练的常见方式。通过参加比赛,学生可以在紧张刺激的比赛中展示自己的才能和实力,同时也能与其他选手切磋技艺、交流心得。此外,参加活动还能为学生提供更多展示自己的机会,如校园文化艺术节、运动会等。这些活动不仅能锻炼学生的身体素质,还能提升学生的自信心和舞台表现力。

(五)与其他运动形式结合

在课外健美操训练的过程中,学生还可以尝试将其与其他运动形式相结合,如瑜伽、舞蹈等。这样不仅可以丰富训练内容,提高训练的趣味性,还能帮助学生更全面地锻炼身体,提升身体素质。例如,瑜伽可以帮助学生提高身体柔韧性和平衡感,舞蹈能够增强学生身体的协调性和节奏感。

总之,大学生课外健美操训练的方式多种多样,学生可以根据自己的兴趣、需求和实际情况选择适合自己的训练方式。无论选择哪种方式,都需要持之以恒的态度,不断挑战自己,只有这样才能取得良好的训练效果。同时,还要注重训练的科学性和安全性,避免受伤,确保身心健康。

二、高校健美操课内外一体化模式构建的要点

在高校健美操教学过程中,课堂教学与课外训练的结合对提升教学效果与学生的运动能力至关重要,构建健美操课内外一体化模式需要注意以下几个要点。

(一)课堂教学与课外训练目标的协同性

健美操的课堂教学主要侧重于基本动作的传授、技能的培养和理论知识的普及。通过系统的课堂教学,学生可以掌握健美操的基本动作和技巧,了解相关的运动原理和健康知识。而课外训练则是对课堂教学内容的延伸和补充,着重于提高学生的实践能力和综合素质。因此,课堂教学与课外训练的目标应相互协同,共同促进学生的全面发展。

(二)课堂教学与课外训练中内容与方法的一致性

在高校健美操课堂教学中,教师应根据学生的年龄、性别、身体条件等因素,合理安排教学内容和教学方法。同时,健美操课外训练的内容和方法也应与课堂教学保持一致,以确保学生在不同场合下都能得到统一、系统的训练。例如,教师可以在课堂上教授某一组动作的要领和技巧,然后在课外训练中要求学生反复练习,以达到熟练掌握的目的。

(三)课堂教学与课外训练中评价的连贯性

教学评价是高校健美操教学过程中的重要环节之一,它不仅可以检验学生的学习效果,还能为教师的教学改进提供依据。在健美操课堂教学与课外训练的结合中,教学评价应保持连贯性。一方面,课堂教学中的评价应注重学生理论知识的掌握情况和基本动作的完成情况;另一方面,课外训练中的评价则更应关注学生的实践能力和综合素质的提高。通过连贯性的教学评价,教师可以全面了解学生的学习情况,从而制订更加具有针对性的健美操教学方案。

（四）课堂教学与课外训练的互补性

虽然健美操课堂教学和课外训练在目标和内容上具有一定的协同性，但它们在实施过程中也各有侧重。健美操课堂教学更注重理论知识的传授和基本技能的培养，而健美操课外训练则更注重实践能力的提升和综合素质的锻炼。因此，在健美操教学过程中，课堂教学与课外训练应相互补充、相互促进。例如，教师可以通过课堂教学传授给学生正确的动作要领和技巧，然后在课外训练中要求学生进行实践应用，从而巩固和提高技能水平。

（五）教师指导与学生自主性的平衡

在高校健美操课堂教学与课外训练的结合中，教师指导与学生自主性的平衡也至关重要。教师应充分发挥主导作用，引导学生积极参与课堂教学和课外训练，激发学生的练习兴趣和动力。同时，教师还应尊重学生的个性差异和自主选择权，鼓励学生在课外训练中根据自己的兴趣和能力进行有针对性的练习。通过教师指导与学生自主性的平衡，可以营造出一种积极向上、充满活力的健美操学习氛围。

总之，构建健美操课内外一体化模式需要考虑协同性、一致性、连贯性、互补性和平衡性等要点，通过合理安排教学训练内容和方法、加强教学训练评价、发挥教师指导作用以及尊重学生自主性等，可以有效提高健美操教学训练的效果和学生综合素质。

三、高校健美操课内外一体化模式的应用

如果高校健美操教学长期局限于课堂之内，缺乏课外延续与拓展，很可能会导致学生难以将课堂所学真正融入日常生活。为了解决这一难题，高校健美操课内外一体化模式的实践应用尤为关键。下面具体探讨该模式的实施方法，为高校健美操教学与学生提供有益参考。

（一）明确教学目标与内容，构建完整的课程体系

在应用高校健美操课内外一体化模式时，首先要明确教学目标与内

容。课堂内的教学应聚焦于基本技能的传授和动作规范的讲解,确保学生掌握正确的健美操动作和技巧。同时,还应注重培养学生的自主锻炼能力和兴趣,引导他们养成良好的运动习惯。为此,可以引入多元化的教学内容和方法,如采用情景教学、游戏化教学等方式,以激发学生的学习兴趣和积极性。

课外的练习内容则应以实践应用为主,通过组织丰富多样的活动,让学生在实践中巩固所学内容,提高运动能力。例如,可以举办健美操比赛、健身展示等活动,让学生在参与过程中感受运动的乐趣和挑战。此外,还可以与社区、体育俱乐部等建立合作关系,共同开展健美操活动,为学生提供更广阔的锻炼平台。

（二）创新教学方法与手段,提高教学效果

为了激发学生的学习兴趣和积极性,高校健美操课程应采用多元化、趣味化的教学方法与手段。在课堂内,可以通过讲解示范、分组练习、互动游戏等方式进行教学,让学生在轻松愉快的氛围中掌握技能。同时,还可以利用现代信息技术手段,如制作教学视频、在线直播等,为学生提供丰富多样的学习资源。

在课外,可以运用网络平台、社交媒体等现代科技手段,为学生提供线上学习资源和交流平台,促进课外学习的延伸和拓展。例如,可以建立健美操学习社群,让学生在社群中分享学习心得、交流锻炼经验,形成互助互学的良好氛围。

（三）完善评价与反馈机制,促进学生全面发展

应用高校健美操课内外一体化模式需要建立完善的评价与反馈机制。通过对学生在课堂内和课外活动的表现进行综合评价,可以及时了解学生的学习情况和问题,为教学调整提供依据。评价应涵盖技能掌握、学习态度、锻炼效果等方面,确保评价的全面性和客观性。

同时,还应鼓励学生积极参与评价过程,培养他们的自我评价和反思能力。通过自我评价和反思,学生可以更加清晰地了解自己的优点和不足,从而有针对性地调整学习方法和策略。教师则应根据评价结果及时调整教学策略和方法,以提高教学效果,并为学生课后训练提供思路

和意见,指导学生科学训练。例如,针对学生在某个动作上的不足,教师可以进行有针对性的辅导和训练,帮助学生尽快掌握正确的动作要领。

(四)拓展合作与交流渠道,推动健美操运动的发展

高校健美操课内外一体化模式的应用还需要拓展合作与交流渠道。高校可以与其他学校、社区、体育俱乐部等建立合作关系,共同开展健美操活动,为学生提供更广阔的锻炼平台。通过合作与交流,不仅可以拓宽学生的视野和知识面,还可以促进健美操运动在高校、社会的进一步普及和发展。

此外,高校还可以通过举办健美操比赛、健美操讲座、健美操研讨会等活动,加强校际间的交流与合作。这些活动不仅能够为学生提供展示自我、交流学习的机会,还可以促进各高校之间的友谊与合作,共同推动高校健美操运动的发展。

(五)加强师资队伍建设,提升教学质量

优秀的健美操教师是高校应用与实施健美操课内外一体化模式的关键。高校应加强对健美操教师的培训和引进力度,提高教师的专业素养和教学水平。高校可以定期组织教师参加专业培训、学术交流等活动,鼓励教师积极参与课外活动的组织与指导,发挥其在课外训练中的重要作用,促进学生科学训练,逐步提高。

此外,高校还可以引入竞争机制,通过评选优秀教师、教学成果奖等方式,激发教师的工作热情和创造力。同时,还可以加强对教师教学质量的评估和监督,确保教学质量稳步提升。

第二节　高校健美操教学与体能训练一体化模式的构建及应用

体能训练是健美操教学的基础，它可以帮助学生提高身体力量、速度、灵敏度和耐力。通过科学的体能训练，学生可以更好地掌握健美操的动作技巧，提高动作的准确性和流畅性。同时，体能训练还有助于增强学生的心肺功能，提高他们的身体健康水平。因此，将健美操教学与体能训练结合起来具有重要意义。

一、构建高校健美操教学与体能训练一体化模式的意义

传统的高校健美操教学往往侧重于舞蹈动作的传授，强调节奏感和团队配合，对于体能训练方面的关注相对较少。实际上，将体能训练融入高校健美操教学，不仅可以提升学生的身体素质，还有助于提高健美操的教学效果。下面具体分析探讨体能训练融入高校健美操教学的意义。

（一）有助于提高学生的身体素质

体能训练包括力量、速度、耐力、灵敏度和柔韧性等多个方面的训练。在高校健美操教学中融入体能训练，可以使学生通过一系列有针对性的训练，全面提升身体素质。例如，力量训练可以增强学生的肌肉力量和爆发力，使他们在完成健美操动作时更加有力；耐力训练则可以提高学生的心肺功能和持久力，使他们在长时间的健美操表演中保持稳定的体能状态。

（二）有助于提高健美操的教学效果

体能训练与健美操的结合，可以使学生在掌握健美操动作的同时，更好地理解健美操的内在规律和技巧。通过体能训练，学生可以更加深入地了解身体各部分肌肉的协同作用，从而更好地掌握健美操的动作要领。此外，体能训练还可以帮助学生提高身体的协调性和灵活性，使他们在完成复杂的健美操动作时更加自如。

（三）有助于培养学生的意志品质和团队协作能力

体能训练往往伴随着一定的挑战和困难，需要学生在训练中不断克服困难、挑战自我。这种训练过程可以培养学生的意志品质和毅力，使他们在面对困难和挑战时更加坚定和勇敢。同时，一些体能训练往往需要学生通过小组合作完成，这有助于培养学生的团队协作能力和集体荣誉感，而这一良好的素质与品质也是健美操运动对学生的要求。

（四）有助于预防运动损伤和提高运动表现力

学生加强体能训练，尤其是柔韧性和灵活性方面的训练，可以在健美操练习中有效预防运动损伤。通过拉伸和柔韧性训练，可以增加肌肉的弹性和关节的灵活性，降低运动损伤的风险。此外，体能训练还可以提高学生的运动表现力，使他们在健美操比赛中更具竞争力。

总之，将体能训练融入高校健美操教学中具有多方面的意义，不仅有助于提高学生的身体素质和健美操教学效果，还能培养学生的意志品质和团队协作能力，预防运动损伤并提高运动表现力。因此，高校要特别重视健美操教学与体能训练的融合，以增强学生体质和提高学生健美操学练效果。

二、高校健美操教学与体能训练一体化模式应用的挑战

（一）教学理念的挑战

当前，高校健美操教学与体能训练之间存在一种微妙的困境，主要表现为两者之间的脱节和不平衡，使得学生在享受健美操带来的愉悦体验的同时忽视了体能训练的重要性。

在很多高校，健美操课程往往被定位为一种纯粹的娱乐活动，注重的是动作的优美和节奏的把握。而体能训练则被视为另一种完全不同的课程，主要关注学生的力量、速度和耐力等身体素质的提升。这种分割的教学方式使得学生在健美操课堂上很难获得实质性的体能训练效果，导致他们在面对一些高强度运动时往往力不从心。

这种困境产生的原因一方面与传统教学观念有关，高校将健美操和体能训练视为两种不同的课程体系，缺乏有效的整合和衔接。另一方面也与师资力量和教学资源有限有关，一些高校缺乏专业的健美操和体能训练教师，导致课程质量参差不齐。同时，教学资源的不足也使得高校难以为学生提供充足的训练场地和器材，从而影响了教学效果。

（二）教学资源与设施的挑战

实施健美操教学与体能训练的一体化模式需要相应的教学资源和设施支持。然而，目前部分高校在健美操教学和体能训练方面的资源投入比较有限，如专门的健美操场地、器材等基础设施不完善，用于体能训练的器械较少，影响了一体化模式的顺利实施。此外，专业教师的缺乏也是制约一体化模式实施的重要因素。

（三）学生兴趣与参与度的挑战

学生的兴趣与参与度是影响健美操教学效果的关键因素。在健美操教学与体能训练的一体化模式中，如何激发学生的学习兴趣，使他们能够积极参与健美操学习和体能训练，并在健美操训练中做好体能准备和专项练习，是摆在教育者面前的一大挑战。这需要教师根据学生的兴

趣和需求,设计富有吸引力的练习内容和形式,以提高学生的参与度和练习效果。

(四)评价体系与标准的挑战

在健美操教学与体能训练的一体化模式中,如何建立科学、合理的评价体系和标准,使其既能反映学生的健美操技能水平,又能体现他们的身体素质和综合素质,是一个亟待解决的问题。这需要健美操教师深入研究,构建符合实际情况的评价体系,以确保评价结果的客观性和公正性。

总之,当前高校健美操教学与体能训练一体化模式的应用面临着多方面的挑战。要克服这些挑战,需要不断更新健美操教学理念和方法,加强健美操教学资源开发和体能训练设施建设,满足学生的训练需要,并建立科学、合理的评价体系和标准。

三、高校健美操教学与体能训练一体化模式应用的策略

(一)明确教学目标,注重体能训练的融入

高校健美操教学应明确教学目标,将体能训练作为教学的重要组成部分。在教学过程中,教师应合理安排教学内容,将健美操动作与体能训练相结合,通过有针对性的训练,提高学生的身体素质和综合能力。例如,在健美操教学中加入力量训练、柔韧性训练等内容,使学生在掌握健美操技能的同时,提高身体的力量和柔韧性。

(二)创新教学方法,激发学生的学习兴趣

为了促进健美操教学与体能训练的结合,教师需要创新教学方法,激发学生的学习兴趣,如采用个性化教学,即针对体能较差的学生,设计一些简单的体能训练动作,帮助他们逐步提高身体素质;对于有一定基础的学生,则增加难度,挑战他们的极限。此外,互动游戏、多媒体等教学方法也能运用于健美操教学与体能训练的融合中,如将健美操动

作作为体能训练的素材进行改编,结合健美操专项特点进行互动性体能训练,播放健美操运动员体能训练的视频等,提高学生对体能训练的重视。

(三)加强实践教学,提高学生的实践能力

实践教学是高校健美操教学与体能训练结合的重要途径。在教学过程中,教师应注重实践教学环节的设计和实施,为学生提供更多的实践机会。例如,可以组织学生进行户外拓展训练、参加健美操比赛等活动,让学生在实践中增强体能、提高技能。同时,教师还可以邀请专业人士进行现场指导,帮助学生更好地进行专门的健美操体能训练,进而熟练掌握和运用健美操技能。

(四)做好专门的体能训练规划

高校健美操体能训练主要包括有氧运动、力量训练、柔韧性训练、耐力训练、灵敏训练、平衡训练等。有氧运动,如跑步、跳绳等,可以提高学生的心肺功能和耐力;力量训练,如俯卧撑、深蹲等,可以增强学生的肌肉力量和爆发力;柔韧性训练,如拉伸、瑜伽等,则有助于提高学生的身体柔韧性和协调性;等等。在规划体能训练时,教师应根据学生的实际情况和教学目标,制订个性化的训练计划。同时,教师还应注重训练方法的多样性和趣味性,以激发学生的学习兴趣和积极性。在实施体能训练时,教师应遵循科学、系统、渐进的原则,训练前要求学生做好热身运动,避免运动损伤;训练中要根据训练计划合理安排训练时间和强度,最后要做好训练后的放松和恢复工作。

评估体能训练的效果也是体能训练的重要一环,教师可以采用多种方法,如观察学生的动作表现、测试学生的身体素质、听取学生的反馈意见等进行评估,了解学生在体能训练中的表现和进步情况,以便及时调整训练计划和教学方法。

(五)创新健美操体能训练方法

传统高校健美操体能训练方法往往侧重于单一的动作重复和体能

训练强度的提升,忽视了学生的个体差异和全面发展的需要。这种机械式的训练方法容易导致学生身体疲劳和受伤风险增加,同时也难以激发学生的训练兴趣和积极性。对此,必须加强对健美操体能训练方法的改革与创新,针对每个学生的个体差异制订个性化的训练方案,根据学生的身体素质、技术水平、心理状态等因素,科学合理地安排训练内容、训练强度和训练时间,使体能训练更加贴近大学生的实际需求和健美操教学需要,提高训练效果。

在体能训练方法上,应引入多元化的训练方法,如功能性训练、核心力量训练、平衡能力训练等,全面发展大学生的身体素质,为其健美操技术水平的提升奠定基础。此外,也可以借助现代科技手段,如运动生物力学分析、运动生理学监测等,对学生的训练过程进行实时监测和数据分析,为教师提供更加科学的教学指导依据,帮助学生更好地掌握动作要领,提高动作质量,预防运动损伤。

(六)完善评价体系,促进学生的全面发展

考核评价体系的完善对于促进高校健美操教学与体能训练结合至关重要。在健美操教学过程中,教师应建立科学的评价体系,注重学生的全面发展。评价内容应包括学生的技能掌握情况、体能水平、学习态度等多个方面。同时,评价方式也应多样化,可以采用自我评价、互评、教师评价等多种方式,使评价结果更加客观、全面。通过完善评价体系,可以激发学生的学习积极性,促进他们的全面发展。

第三节 高校健美操教学与形体训练一体化模式的构建及应用

一、构建高校健美操教学与形体训练一体化模式的意义

形体训练是指通过一系列有针对性的练习,改善身体的姿势、线条和比例,使身体更加匀称、挺拔。在高校健美操教学中,形体训练的重要性不容忽视,它不仅能够塑造学生优美的身姿,更有助于提升学生的气质和自信心。在高校健美操教学中开展形体训练具有以下重要意义。

(一)塑造优美的身姿

形体训练通过一系列的姿态练习和动作组合,能够有效地改善学生的身体姿态,塑造挺拔、优雅的体形。通过坚持不懈的练习,学生能够逐渐纠正不良姿态,如驼背、含胸等,形成自然、舒展的体态。这种优美的身姿不仅能够使学生在日常生活中给人留下良好的印象,还能为学生在健美操表演中展现自我风采提供良好的基础条件。

(二)提升身体的协调性和灵活性

健美操中包含多种动作的组合和转换,要求学生在空间、时间和力量上保持高度的协调性和灵活性。学生通过不断的形体训练,身体各部分肌肉能够逐渐得到锻炼,身体的协调性和灵活性能够得到显著提升。这种提升不仅有助于学生在健美操表演中更加自如地展现动作,还有助于学生预防运动损伤,提高运动表现力。

(三)促进身心健康

形体训练不仅能够使学生塑造出优美的身姿,还能够促进学生的身心健康。在形体训练过程中,学生需要集中注意力,调整呼吸,这有助于缓解压力、释放负面情绪。同时,形体训练还能够提高学生的心肺功能、增强肌肉力量,对预防和改善一些慢性疾病具有积极作用。

(四)培养气质和自信心

通过形体训练,学生能够逐渐形成优雅、自信的气质,这种气质在日常生活和学习中都能为学生加分。同时,形体训练的成果也能够增强学生的自信心,让他们在面对挑战时更加从容不迫。

二、高校健美操教学与形体训练一体化模式应用的原则

（一）整体性原则

在高校应用健美操教学与形体训练一体化模式要贯彻整体性原则，整体性不仅是指健美操教学与形体训练不可分割，要将二者视作有机联系的整体，还要求健美操教师在形体训练教学过程中将学生看作一个有机的整体。

（二）因材施教原则

健美操教师将形体训练融入教学前，必须充分了解学生的身体状况，同时让他们对自己的身体形态具有初步的认知，进而制订一个适合不同学生的形体训练计划，让学生能够对自己的形体训练具有清晰的目标和方向，这样学生才可以更好地通过反馈信息来调整自己的形体训练计划，提高形体训练效果。

（三）持续性原则

在高校健美操教学中融入形体训练不是短期内就能看到效果的，它需要长期且不间断地进行，需要教师与学生的坚持。学生只有长期坚持不懈地进行形体训练，才能塑造出更好的身体形态，进而提高健美操动作质量，增加表演的艺术性和观赏性。

三、高校健美操教学与形体训练一体化模式应用的策略

（一）提高重视程度

鉴于形体训练的重要性，高校健美操教学要特别重视形体训练与健美操教学的融合。在高校健美操教学中，教师可以根据学生的身体特点和需求设计具有针对性的形体训练动作。这些动作可以包括基础的身

体拉伸、肌肉锻炼和平衡练习等。通过将这些形体训练内容融入健美操教学中,不仅可以提高健美操教学效果,还能够更好地满足学生塑造健康优美体型的需求。

在健美操教学中,教师应该时刻关注学生的身体姿势,及时纠正不良姿势。老师反复强调正确的身体姿势,有利于帮助学生建立正确的身体意识,从而形成良好的习惯。健美操教学中肌肉力量和柔韧性的训练是不可或缺的。教师可以通过安排适量的力量训练、柔韧性练习等来增强学生的身体素质,帮助学生更好地掌握健美操动作,提高教学效果。此外,舞蹈也是一种很好的形体训练方式,可以帮助学生塑造优美的体型。在高校健美操与形体训练的融合教学中,教师可以适当引入一些舞蹈元素,如芭蕾舞、现代舞等,既能增加教学的趣味性,还能够有效地帮助学生塑造优美的体型。

为了确保形体训练的有效实施,教师需要合理安排教学时间,如可以在每节健美操课程开始时或结束时安排一段时间进行形体训练,以确保学生有足够的时间进行练习。教师应该根据学生的实际情况循序渐进地进行教学,对于基础较差的学生,从简单的动作开始练习,对于基础较好的学生,可以适当增加难度,以满足他们的需求。在学生进行形体训练时,教师要提供正确的示范和指导,帮助学生理解和掌握正确的动作方法。同时,教师还应及时纠正学生的错误动作,确保训练效果。

(二)综合分析,确立目标

在高校的健美操教学训练中,形体训练是一项具有明确目标和计划的教学活动。为了确保形体训练的有效性和针对性,教师在应用形体训练之前,必须首先明确其教学目标,并进行全面的教学分析。这样不仅可以确保形体训练与整体教学目标相契合,还能更好地发挥其育人功能,为学生提供全面、有针对性的指导。

1. 教材分析

首先,形体训练应以健康为首要目标,主要通过活动性课程来实施。结合健美操的艺术性特质,教师可以将音乐融入形体训练,为学生创造一个宽松而和谐的练习环境,激发他们的审美潜能,进而帮助他们深化对形体美与姿态美的理解。

其次，高校健美操教学通常采用集体形式进行，因此，形体训练也应以团队的形式进行。通过将体操、舞蹈、音乐、娱乐和健身等元素融入形体训练，能够展现当代大学生的热情、活力与独特个性。在这样的环境下，学生可以在形体训练的独特节奏中完成如走、跑、跳、转和踢等各种综合动作。

2. 学情分析

高校形体训练的目标群体是大学生。这些学生在生理和心理层面都展现出了较高的自我认识水平，他们不仅制定了明确的发展规划，还怀揣着强烈的自我提升渴望。特别是在塑造身形、培养优雅气质方面，他们希望能通过训练达到理想的效果。然而，值得注意的是，这些学生来自五湖四海，他们的成长背景和教育经历各不相同，这些差异会在他们对形体训练内容的接受度上体现出来。因此，教师在指导训练时，必须采取因材施教的方法，确保每个学生都能根据自身的特点接受合适的训练，从而达到个性化的提升和层次性的进步。

3. 确立目标

教学目标在组织和实施形体训练活动中起着至关重要的作用。为了实现这些目标，教师需要综合考虑形体训练的教学内容和学生的实际学习情况，使学生能够通过健美操的教学实践，深入理解形体训练的核心特点，认识到它在个人发展中的巨大价值和功能，从而激发他们对形体训练的内在兴趣和动力。

在教学过程中，教师需要教授学生基本的步法和动作技巧，帮助他们提高身体的柔韧性和协调性。这样的教学活动不仅能让学生在练习过程中感受到形体训练的愉悦，还能培养他们的自我训练意识，形成长期乃至终身的训练习惯。

此外，形体训练通常以集体形式进行，这种组织形式有助于培养学生的团队合作精神。通过分类和分组的教学方式，学生可以在互动中逐渐学会与他人合作，发展团队精神。这样的教学方法不仅有助于提高学生的个人能力，还能帮助他们更好地适应社会和未来的职业发展。总之，形体训练活动不仅能够提高学生的身体素质和技能，还能在团队合作和社交技能方面为他们打下坚实的基础。

（三）统筹安排，做好规划

1. 完成常规训练，做好热身

在形体训练的初步阶段，教师应遵循课堂的教学规范，召集学生，清晰地阐述训练的内容和基本要求，确保每个学生都能明确训练的目标和方式。这样的讲解有助于学生理解并熟悉训练的整个流程。随后，根据学生的身体特质，教师应将他们分成"组内同质化，组间异质化"的小组，明确各组的职责。之后在各组组长的带领下，伴随着音乐，学生们进行热身韵律操，以舒展肌肉和韧带，预防在形体训练中可能出现的意外伤害。

2. 正确示范，提示要领

大学生已经具备了较高的自主学习能力，因此在示范教学中，可以结合学生的初始经验和能力水平来选择适当的示范方式。例如，在进行"侧并步"训练动作的教学时，教师可以提前录制演示动作的视频，并制作专门的形体训练"微课"课件，然后发送至每位学生的手机。这样，学生在训练开始前就能进行自主探究和合作学习，从而初步掌握侧并步的基本动作。在训练过程中，教师只需进行适当的引导和点拨，就能帮助学生更好地掌握形体训练的动作要领。

此外，教师还可以采用集体演示的方式，亲自进行动作示范，让学生通过观察和模仿来深入理解训练动作的基本要点。同时，教师也可以考虑对小组长进行集中培训，使他们掌握基本的训练动作后，能够将这些技能传授给本小组的其他成员。这种多元化的示范方式不仅能满足不同学生的学习需求，还能有效提高教学效果和学生的学习效率。

3. 分组训练，促进合作

形体训练通常在细致的分类和分组后进行，确保每个小组的成员在体质特征上具备一定的共性，这样他们在完成动作时的幅度和效率都会相近。然而，不同小组之间在学生的形体构造和运动能力上则呈现出显著的差异。因此，采用分组的方式进行形体训练是十分恰当的。这样的安排既鼓励了同组学员间的深入交流和经验分享，从而共同提升训练效果，也使得教师能够针对不同小组的特点提供个性化的指导和建议。在确保学生掌握形体训练的基本技巧后,教师可以根据每个小组的特点加入个性化的训练内容,使形体训练更加贴近每个小组成员的实际需求,从而提高其针对性和实效性。

(四)多方面融合健美操教学与形体训练

1. 教学目标的融合

健美操教学和形体训练在训练目标和方法上具有一定的互补性。健美操教学注重身体整体的协调性和有氧运动能力的提升,而形体训练则更侧重于局部肌肉的塑造和身体姿势的改善。通过将两者相结合,可以更加全面地提高参与者的身体素质和外在形象。

2. 教学内容的融合

在健美操教学中,可以融入一些形体训练的动作和技巧,如瑜伽、普拉提等,以增加训练的多样性和趣味性。同时,在形体训练中也可以引入一些健美操的元素,如动感音乐、健美操步伐等,以提高训练的节奏感和参与度。

3. 教学方法的融合

健美操教学和形体训练在教学方法上也可以相互借鉴。例如,在健美操教学中,可以采用形体训练中的肌肉控制和稳定性训练方法,以提高动作的准确性和质量。在形体训练中,则可以借鉴健美操教学中的节奏感和音乐配合方法,使训练更加生动有趣。

(五)丰富训练内容

1. 肌肉力量训练

在当今社会,经济快速发展,许多大学生在忙碌的学习与生活中忽视了劳动和体育锻炼,导致身体肌肉发展不平衡,部分学生甚至出现"豆芽菜"体型。这种体型不仅影响大学生的身体美感,还可能引发自卑心理。为了帮助学生塑造和完善体形,教师可以引导他们进行肌肉力量训练。

"坐推"是一种简单而有效的锻炼方式,即学生坐在地板上,双手握住哑铃进行上举动作。这样的训练可以分组进行,每组约20次,组间休息1～2分钟。教师可根据学生的实际情况调整训练组数。这种力量训练不仅能增强学生的手臂力量,还能使肩膀更宽阔,增加上半身的立体感,从而弥补体形上的不足。在塑造体形的同时,也能帮助学生建立自信。

此外,形体训练应更具针对性。青春期后,部分女大学生可能因身体变化、运动量减少和食物摄入量增加而导致腰、腹和大腿等部位脂肪堆积。这不仅影响形体美,还可能对身体健康和心理健康产生不良影响,甚至间接影响学生的就业和发展。针对这类学生,教师可以设计特定的训练内容。例如,对于腹部脂肪堆积较多的学生,可以通过克服自身重量的方式进行训练,如仰卧起坐、仰卧举腿等。在训练过程中,要避免急于求成,而应逐渐增加训练组数、延长训练时间并增大训练强度,以提高学生的腰腹部肌肉力量,减少脂肪堆积,达到塑造体形的目的。

2. 柔韧训练

柔韧素质是身体各关节活动范围的表现,展现了关节周围韧带、肌肉、皮肤等组织的伸展和弹性能力。这种素质的提升可以增强身体动作的灵活性和协调性,使行走和跳跃更具优雅美感。针对柔韧性较差的学生群体,教师可以采用多种训练方法综合提升。

第一,结合主动静力拉伸和被动静力拉伸。这是一种在健身领域颇受欢迎的训练方法。学生可以在主动和被动两种状态下,缓慢拉伸肌肉、韧带和肌腱,直到感受到轻微的酸痛和紧绷感,然后保持这种姿势和感觉,一般建议维持10～30秒。根据学生的学习进度和效果,可以调整拉伸的次数和时间。对于初学者,建议从4～5次开始,随着训练深入,可以增加到6～8次。这种方法安全性高,力量控制容易,特别适合初学者或活动较少的学生。

第二,结合主动动力伸展和被动动力伸展。动力拉伸是一种通过有节奏、有速度和幅度的动作进行的拉伸方法,既可以自主完成,也可以在他人的辅助下完成。在教学初期,建议采用较慢的拉伸速度,让学生在舒适、无痛的状态下进行动态伸展。随着学生柔韧素质的提升,可以适当增加训练强度和时长。

综上所述,通过综合运用这些训练方法,可以有效提升学生的柔韧素质,增强身体动作的灵活性和协调性,使他们的行走和跳跃更具优雅美感。

3. 协调训练

为了让学生更愉快、有效地进行形体训练,教师可以巧妙地结合健美操的艺术魅力,如通过使用动感的音乐来构建充满活力的训练环境,让学生在享受音乐节奏的同时,通过特定的韵律动作进行形体锻炼。音乐的选择应灵活多样,充分尊重学生的个人喜好和兴趣,可以尝试使用Hip-pop、R&B等不同风格的音乐,以丰富训练动作的多样性。

在韵律动作方面,教师可以引入多种舞蹈元素,如拉丁舞、芭蕾舞等,使训练内容更加丰富多彩。重要的是,教师不应过分拘泥于特定的形式和姿态,而应注重让学生在轻松愉快的氛围中达到训练目的。

4. 姿态调控训练

姿态调控训练涵盖站、坐、行等各种人体姿态。通过这种训练,学生能够在日常生活的动作中展现出优雅的风度,塑造出迷人的仪态,并表现出独特的身体语言。这样的训练不仅增强了学生的审美感知,还有助于他们形成个性化的身体语言。

站立姿态的调控训练包括多种姿势,如靠墙站立、分腿站立、提踵站立以及单腿站立等。而在坐姿控制训练中,也包括了端坐式、双腿前置式以及屈伸式等多种坐姿。这些多样化的训练方法充分展示了形体训练的丰富性。教师可以根据学生的具体需求和训练目标,灵活选择最适合的训练方式。

(六)优化训练形式

1. 把杆训练

健美操把杆训练是借助芭蕾舞把杆训练的科学性、规范性和系统性的训练方式,在音乐艺术环境中构建的具有创新性和实效性的训练方式。把杆训练中,教师可以要求学生面对把杆,双脚一位站立,双手扶着把杆,身体保持微微前倾的姿势。训练要点在于,学生在实训中需要保持双膝绷直,腰腹肌肉收紧,背部肌肉和臀部、腿部肌肉微微上提,肩膀自然放松,略微向后打开。在此过程中,呼吸要保持均匀,面部表情呈现安详之态。经过持续的健美操把杆训练,能够让学生的身体克服弯腰、驼背等不良姿态,逐渐实现从不明显到明显,从量变到质变的飞跃过程,进而突出形体训练的效果。

2. 跑跳训练

健美操跑跳训练课内容丰富多样,包括原地跑跳、双人配合以及10米距离开合跳等练习。在原地跑跳部分,教师须指导学生维持直立姿态,脖颈挺拔,双手握拳轻置腰部两侧。跑跳时,重心下沉,脚尖尽量绷直,上身紧绷,动作由慢至快,循序渐进。双人配合练习中,学生两两对面站立,互相牵手,一人跳跃时另一人紧随其后,默契配合,相互激励。而在10米距离开合跳环节,教师须规划出约10米长的训练区域,学生在区域内进行开合跳,亦可将跑跳结合,全面提升训练效果。这些多样化的训练方法,不仅能让学生在愉悦的氛围中锻炼身体,缓解压力,还能有效促进腰腿部肌肉群的均衡发展,增强体质,加速新陈代谢,进而优化学生腰腿部的体态。

(七)改进训练评价

教学评价是高校健美操教学和训练中形体训练的重要环节,要强化形体训练在教学中的应用,教师需要改进训练评价,以此达到激励、引导、驱动的效果,提升形体训练的运用实效。

第一,训练评价要多维化。应将表现性评价和总结性评价结合起来,让评价贯穿于形体训练的过程之中,对每个学生在训练活动中的参与态度、参与兴趣和训练中的表现等进行感性评价,并将评价嵌入各环节之中,以此给学生带来实时的激励,让形体训练能够在学生主观能动作用下得以长期维系,让训练在量变中逐渐产生质变,达到理想的训练效果。

第二，训练活动通常在小组或集体合作的形式下进行。小组成员之间的合作直接影响到训练实效，教师可以采用多元化评价的方法，让小组成员也参与到教学评价之中，实现学生个体自评、小组成员互评以及教师评价相结合的综合评价，进而提高学生形体训练的合作意识，促进形体训练整体效果的提升。

第六章

高校高水平健美操运动队教学训练一体化研究

为培养优秀的竞技健美操运动员人才,我国在高校试办高水平健美操运动队,这是我国培养健美操运动员的一个重要渠道和趋势。在高校建立高水平健美操运动队,不仅对我国竞技健美操的发展有促进作用,而且对高校健美操的普及与发展也有积极意义。高校高水平健美操运动队要想培养全面发展的高素质健美操运动员,就要加强对高水平健美操运动员文化学习与运动训练的管理,在体教融合、学训结合的理念下重点解决运动员的学训矛盾,推动健美操运动队学练一体化发展。本章主要对高校高水平健美操运动队教学训练一体化进行研究,首先介绍"体教融合"与"学训结合"的相关理论,然后分析高校高水平健美操运动队发展现状与学训矛盾,最后提出推动高校高水平健美操运动队教学训练一体化的策略。

第一节 "体教融合"与"学训结合"的理论探索

一、"体教融合"理论

(一)体教融合的阐释

体教融合指的是体育与教育的融合,具体是指学校文化教育、体育教育与学校竞技体育人才培养的融合。这是我国培养优秀体育人才的重要指导思想与模式,在该模式下,竞技体育属于一种教育手段,以全面培养学生的健康体质和竞技能力为主,同时培养竞技体育人才又离不开教育这一载体。教育是人才培养的土壤,如果忽视教育,那么不可能培养出全面发展的体育人才。[①]

将体育与教育简单相加并不是真正意义上的体教融合,从二元论出发将体育的价值取向与教育的价值取向叠加在一起也不能算作是体教融合。体教融合是体育与教育高层次、全方位的融合形式,将二者有机融合,需要从根本上做出多方面的改变,主要涉及教育思想、教育制度、教育价值观、教育功能观等方面。体教融合理念所追求的最高目标是人的全面发展。

体教融合的形成意味着要从根本上变革传统体育人才培养体系,包括对教育体系的变革。通过进行本质上的变革,使青少年体育后备人才既能接受学校文化教育,又能参加专业运动训练,还能接受有助于个人发展的社会机会。促进青少年体育后备人才(学生运动员)的全面发展是体教融合中"融合"二字的核心价值。要使青少年体育后备人才真正获得全面发展,就要将体教融合中的阻碍或体育系统与教育系统之间的隔阂最大程度地予以消除,既要预防体教分离,也要避免表面形式的体

---

① 高建玲.我国普通高校推进"体教融合"的路径解析[J].当代体育科技,2020,10(36):138-140.

教结合,否则青少年体育后备人才就会被挡在教育大门之外,无法顺利学习学校文化知识,影响其文化水平的提升和全面发展,也影响其升学与社会化发展。

要想树立体教融合的理念,必须对传统的教育体系和体育后备人才培养服务体系予以改革,加快学校教育系统的重建,对体育系统与教育系统的资源进行优化配置,加强资源的重组与融合,对传统教学策略进行改进,满足青少年体育后备人才的文化学习需要和运动训练需要。

(二)体教融合的特征

体教融合的特征主要体现在体教融合下体育后备人才的培养体系中,具体体现在培养目标、培养主体和培养过程中。这几个方面的特征也是体教融合与体教结合相比所具有的独特性或优势。

下面具体分析体教融合的三个主要特征。

1.培养目标的长远性

体教融合理念下,体育后备人才培养工作被纳入教育体系中,竞技体育人才的培养重任由教育系统承担,教育系统培养竞技体育人才的长远目标是为国家输送优秀的全面型运动员人才,短期目标是增强学生体质、促进学校文化建设、为学校争得荣誉。短期目标是为长远目标服务的。以往学校只重视短期目标,选拔有天赋的运动苗子组建运动队,强调学生多训练,尽快提高运动成绩,或特招运动员,提高学校运动队的实力,为学校争光,而忽视了学生的文化学习,表现出急功近利的一面,导致体育后备人才培养无法实现可持续发展的目标。

2.培养主体的唯一性

传统的体教结合培养理念包含教育系统和体育系统两个培养主体,两个主体虽然都是为培养人才服务,但毕竟属于不同的系统,因此双方之间存在一些利益矛盾,这对体育后备人才培养的顺利进行及竞技体育的发展造成了严重的阻碍。体教融合模式中只有一个培养主体,那就是教育子系统,该模式倡导在教育体系中融入体育后备人才培养计划,教育系统吸收体育系统的优势资源用于培养人才,教育系统要将自身的主观能动性和育人价值充分发挥出来。体育部门作为辅助系统,为教育部门提供资源,在后备人才选拔、培养和教练员培训等方面出谋划策,提供指导,这样可以使两个系统权力与责任分明,减少利益冲突,防止出现传统培养模式运作中存在的互相推卸责任和利益冲突的现象。

3. 培养过程的科学性

在教育系统中培养体育后备人才,在教育部门中融入体育资源,特别是融入优秀的教练员人力资源和科研资源,能够有效加速青少年体育后备人才的培养进程,提高培养过程的科学性与最终培养效果。教练员的专业水平和其他相关人力资源的配套程度直接影响青少年体育后备人才运动训练的科学水平。如果没有优秀的教练员在青少年体育后备人才的基础训练阶段对其提供科学指导,也没有高水平的教练员实施有效的训练方法,那么将会严重制约青少年运动员基础水平的提升。将高水平教练员融入教育系统来指导人才培养工作,能够使培养过程更加科学有效。

(三)体教融合的意义

1. 实施素质教育的科学途径

中国教育将"立德树人"作为根本任务,将"健康第一"作为根本理念,贯彻这一根本理念,完成这一根本任务,都离不开素质教育,而体育在普及素质教育及推动素质教育发展方面发挥着非常重要的作用,具体表现为培养学生乐学的态度,提升学生的体质健康水平,锻炼学生的意志品质,促进学生健康人格的形成。但目前来看,我国学生缺乏运动兴趣,身心健康状况不乐观,缺乏良好的体育道德素养,良好的体育锻炼习惯尚未在大多数学生中形成,终身体育意识淡薄。为此,学校体育改革迫在眉睫,这就要求树立"体教融合"的理念,推进学校体育教育体系的改革与完善,促进学校体育教育水平的提升,使体育在培养学生综合素质及推进学生全面发展方面的重要价值充分发挥出来。

2. 培养体育人才的重要路径

我国在培养竞技体育运动员方面建立了一套专门的体制与制度,并在实践运行中取得了一定的成果,这是中国体育能够在世界体坛占据一定位置的重要原因之一。虽然我国有大量优秀的竞技运动员,我国在世界各大竞技体育比赛中取得了无数的好成绩,但我国尚未发展成为名副其实的"体育强国"。我国从"体育大国"迈向"体育强国"的道路之所以充满坎坷,主要原因有我国体育事业市场化水平低;篮球、足球等重要竞技体育项目的竞技成绩不理想;缺乏竞技体育后备人才,人才断层严重,培养效率和质量都不高等。在这一背景下,需要树立"体教融合"的体育人才培养理念,以拓展我国对竞技体育后备人才进行选拔与培养的范围,扩大体育人口规模,解决竞技体育后备人才培养后劲不足及优秀运动员断层的问题。此外,"体教融合"理念强调在竞技体育人才的培养中不能忽视文化教育,要维护所有学生的受教育权,使学生在文化教育和运动训练的过程中全面提升思想道德素养、文化知识素养、运动能力素养以及创新素养,这有助于为国家培养全面型体育人才,这也是现代社会发展及竞技体育发展的基本要求。

二、"学训结合"理论

(一)学训结合的提出

有关学者在体教融合理论的基础上提出了学训结合的理论,提出这一理论主要是为培养高校高水平运动员提供科学指导。为培养优秀的高校运动员人才,我国深入改革体育体制和高校体育教育,不断加强运动训练,强调培养全面发展的高素质人才,倡导将高校的教育环境、教育资源等各方面的优势条件充分利用起来培养文化水平高、运动能力强的运动员人才,从而满足国家对竞技体育人才的新需要。高校在培养高水平运动员的过程中,也要向其提供多方面的理论支撑,以满足他们的成长与训练需要,具体包括生理学、社会学、心理学等众多科学理论,高校也应该在这些科学理论的基础上构建较为理想的高水平运动员培养模式。通过提供多元化的理论支撑,能够促进运动员训练的可持续发展,促进训练领域的延伸和拓展,使高校高水平运动训练体系符合我国特色。在高校培养高水平运动员,要使丰富的教育资源的优势得到最大化的发挥,充分挖掘大学生的运动潜质,使其在竞技运动方面有所突破,取得优异的成绩,同时也不能忽略对大学生运动员文化素养、思想道德品质的培养。

学训结合主要是指文化教学与运动训练的结合,高校大学生运动员既要参加运动训练,又要学习专业课程,而且要将二者同等重视起来。学训结合理论既符合学生的自然发展规律,又适应社会对体育人才的要求,能够促进学生生理发展、心理发展、运动能力提升以及智力发展,可见对学生综合发展和全面提升具有重要意义。学训结合要求高校在培养高水平运动员人才时重点加强对"智能型"运动员人才的培养,而不是只培养"体能型"运动员,大学生运动员要接受系统的文化教育,认真学习文化课程,避免一味挖掘运动潜能,从而使体能和智能同时发展。

(二)学训结合对体教融合的促进

基于教育规律和训练规律形成的"学训结合"理论能够为高校培养大学生运动员提供科学指导,在运用该理论时要遵循基本的教育学、心理学和训练学规律,要从教育的角度出发培养人才,注重人才培养的系统性与完整性,最终要培养的是各方面素质全方位发展的优秀人才。通过接受文化教育、学习文化知识以及进行专业训练,大学生运动员的文化素质和运动能力都将得到提高,最终成为一名优秀的运动员。可见,学训结合的理论宗旨与体教融合这一人才培养模式的初衷是一致的。针对高校高水平运动队提出的学训结合理论是在体教融合的基础上形成的,可以说体教融合理论包含学训结合理论,学训结合理论是对体教融合理论细化分析后,又建立在运动员实践基础上所作的理论概括与总结,能够直接用来指导如何培养全面发展的高水平运动员。学训结合能够深层次推动体教融合的发展,这是毋庸置疑的,而且有很多成功的实践案例,如清华跳水队、北航男排、北京理工男足等。

三、"体教融合"与"学训结合"发展的必然性

随着现代体育的不断发展和社会对体育人才需求的变化,传统的竞技体育人才培养模式,如"举国体制"模式、"金字塔"模式等因为成本高、代价大以及无法适应现代变化与需要而发展受阻,难以继续实行。为解决传统培养模式的问题,体教融合培养模式应运而生,它具有其他模式不可比拟的优势,以体教融合模式培养现代竞技体育后备人才是

我国竞技体育发展的重要趋势之一。体教融合强调培养"全面型"体育人才，而不是"体能型"人才，否则培养出来的运动员就成了人们常说的"四肢发达，头脑简单"。构建与运用体教融合培养模式，能够解决以往人才培养中运动员文化学习不被重视、文化成绩差、文化水平低的问题，能够使教练员、运动员都高度重视文化学习，促进运动员文化素质的提升和人格的健全，这样运动员不仅在运动生涯中能够取得优异的比赛成绩，而且退役后也能以良好的文化素养和突出的运动能力解决再就业问题。

学训结合理论将重点放在教育体系中高校高水平运动员的学习与训练中，这是教育体系中关于高水平运动员培养的一次重大突破。以往高校高水平运动员的培养存在教、训分离的问题，学训结合改变了这一现象，强调先保证学生的文化教育和德育，然后再挖掘学生的运动潜质、提高学生的运动水平。学生通过文化学习，文化水平和智力提升后，也会对运动能力方面的发展起到积极的作用。

总之，采取体教融合、学训结合的体育人才培养模式是我国竞技体育发展的必然趋势，这些理论适应了时代潮流，满足了社会需要，无论在高校高水平运动员的培养中还是其他竞技体育人才培养单位都是适用的。

第二节 高校高水平健美操运动队发展现状与学训矛盾分析

一、高校高水平健美操运动队发展现状

（一）生源情况

一般来说，通过了解健美操运动员进校前的运动经历，便能对运动队的生源情况有所了解。高校高水平健美操运动队的运动员在进校前没有接受过系统专业训练的比较多,没有扎实的训练基础,很多运动员是高中开始进入校运动队参加突击训练、参加比赛以及获得相应运动员等级的。经过突击训练并获得相应等级后,达到进入高校高水平运动队的条件,应招入队,但因为之前缺乏系统的训练,基本功欠缺,再加上体质不佳,因此短期内难以取得明显的提升。

（二）场地设施情况

高校高水平健美操运动队日常训练的正常进行是建立在良好训练场地设施条件基础之上的,训练场地设施环境良好,可以减轻运动员发生运动伤害的概率,提高运动员的训练积极性。目前,成立了高水平健美操运动队的高校训练场地条件普遍比较好,主要是在室内训练,有专业健美操比赛用板,但也有部分高校因为专业比赛用板花费高、易损耗,所以用普通木地板或地毯代替,有的高校甚至让健美操运动队与其他项目的运动队共用训练场地,制约了训练活动的开展。

（三）教练员执教情况

高校高水平健美操运动队的教练员有很多是兼职性质的,他们一方面要应对日常健美操教学工作,另一方面还要负责健美操训练及比赛,工作负荷较大。而且健美操运动在不断发展,健美操套路编排也在不断创新,音乐风格也十分多变,为紧跟潮流,教练员还要及时学习新技术、新方法,甚至还要做科研工作,工作压力很大,精力很难都集中在运动队的管理上,势必会影响运动队的发展。

（四）参赛情况

高校高水平健美操运动队只有参加比赛才能检验训练效果,才能清楚自己的水平以及与他人的差距,然后更有针对性、目的性地进行训练,弥补自己的不足,提升自己的竞技能力。如果不参加比赛,只埋头训练,无异于"闭门造车"。

很多高校的高水平健美操运动队主要参加的是一些国家级健美操比赛和省级或直辖市健美操比赛,很少参加国际健美操比赛,主要原因包括经费不足、技术水平达不到参赛资格等。有资格参加国际健美操比赛的运动队主要集中在少数几所高校,如北京化工大学、天津科技大学、华中师范大学等,这些院校的健美操运动队都曾在世界大赛中获得过较好的成绩。

（五）运动员补助情况

当前,部分高校为运动员发放的补助没有达到相关标准,主要还是经费短缺的问题。经费短缺导致运动员补助问题得不到解决,也影响了运动员训练的积极性。

（六）医疗保障情况

在高校大学生运动员医疗保障方面,一般都采用两种保险类型,一是学校医疗保险,二是学校指定商业保险,通过这两种保险可以解决运动员伤病治疗费用问题,而且能够满足基本需要。但为了更好地保障运动员的健康,需要为运动队配备专业医生团队,目前这方面在很多院校都是比较欠缺的,专业队医配备不足,康复治疗设施少,导致无法及时诊断和治疗一些运动伤病,延误了一些运动员的伤情病情,严重影响了运动员的健康与运动生涯。

二、高校高水平健美操运动员学训矛盾分析

高校高水平健美操运动员长期面临学训矛盾的现实问题。运动员既要学习专业课,又要参加训练,为学校争取荣誉,这时如果训练时间与学习时间冲突,那么运动员必然要舍弃一方,顾此失彼在所难免,时间上的冲突激化了原本就有的学训矛盾。解决这一矛盾,就是要解决学习时间和训练时间冲突的问题。一些高校在解决学训矛盾时采取的策略是延长学制、灵活学分制、保研政策等,这些措施实际上并没有真正解决学训矛盾,而是在学习和训练之间选择了训练,学生牺牲学习时间去训练,虽然满足了训练需要,取得了好的成绩,为学校赢得了荣誉,但学生的文化学习却得不到保障。

健美操比赛展示的是成套动作,一个成套动作的编排时间周期较

长,运动员也需要花很长时间的训练才能掌握全套动作,很多运动员每天用于训练的时间在 2 小时左右,一周几乎每天都会训练,如果是为参加重大比赛做准备,训练时间可能更长,在较长的训练过程中,运动员必须全身心投入,因此这一阶段运动员很难将自己的一部分精力用在文化课学习上,最终影响了文化课成绩。而且运动员本身文化基础就比较薄弱,长期训练,不学习文化课程,久而久之,就会有懈怠心理,甚至完全放弃文化课,学习态度发生变化,这不利于运动员的长期发展。

在解决学训矛盾方面,还有些高校采取的措施包括减免非主干课程、单独编班、单独安排考试等,这其实是降低了对运动员文化学习的要求,目的是使他们顺利毕业,消除他们训练的后顾之忧,而并没有真正做到学习与训练兼顾。当然,也有一些院校不采取任何措施,导致运动员长期肩负双重压力,处于身心疲劳状态,既不利于学习,也不利于训练,还影响了学生的健康。总的来说,现行的很多措施都无法使学训矛盾得到根本上的解决,还有待进一步研究。

第三节 推动高校高水平健美操运动队教学训练一体化的策略

一、提高高校高水平健美操运动员学习质量

(一)规范招生,加强学籍管理

在招生方面,高校应该建立一套科学、公正的选拔机制。首先招生部门应明确招生标准和要求,包括身体条件、技术水平、综合素质等方面。在选拔过程中,要注重学生的潜力和可塑性,而非仅仅看重学生当前的技能水平。需要强调的是,高校应根据教育部门制定的文化成绩统一标准招生,不得随意实施弹性措施。对文化成绩严格把关,从根源上保证运动员的文化水平。

在学籍管理方面,高校应建立完善的学籍管理制度。首先要对学生

的基本信息进行登记和归档。其次要对学生的训练情况、比赛成绩、奖惩情况等进行详细记录，以便对学生的表现进行全面评估。在学籍管理中要特别注意对于运动员的教学计划不能随意改变，其学习难度不能随意降低，要慎重以比赛成绩为标准奖励学分，对运动员的文化学习要求尽可能与非运动员一致。高校还应建立与学生沟通的有效渠道，及时了解学生的需求和困惑，帮助学生解决问题。

不管是招生还是学籍管理，高校都要遵循公平、公正、公开的原则，确保招生和学籍管理的透明度和公正性。此外，还要注重培养高水平健美操运动员的综合素质，为其提供多元化的教育资源和培训机会，促进高水平健美操运动员全面发展。高校还应与体育部门密切合作，共同推进高校高水平健美操运动队的建设和发展，从多方面提供有力的保障，以培养更多优秀的健美操运动员。

（二）加强思想教育，从根本上重视文化教育

文化课的学习对于任何一个学生来说都是至关重要的，因为它不仅仅是获取知识、提高综合素质的途径，更是塑造人格、培养思维能力的重要手段。对于高校高水平健美操运动员来说，文化课的学习同样具有不可替代的重要性。文化知识的学习有助于提高运动员的文化素质，培养运动员的逻辑思维能力、创新思维能力、沟通能力等多方面的能力。这些能力的提升不仅有助于运动员在健美操领域的发展，更能为他们未来的职业发展打下坚实的基础。学习文化知识、专业知识，提升文化素养，还可以帮助运动员更好地规划自己的未来。很多高水平健美操运动员在退役后都会面临转型的问题，而文化课的学习可以为他们提供更多的选择，比如进入高校深造、从事与健美操相关的教育或研究工作等。

总之，高校高水平健美操运动员应从思想上高度重视文化学习，提高自己的综合素质和未来的竞争力。只有这样，他们才能在健美操的道路上走得更远。高校要将高水平运动队的文化教育当作一项至关重要的任务，在注重竞技水平提高的同时，加强对运动员的文化教育，培养出既有运动技能又具备文化素养的高素质运动员。这不仅可以为我国体育事业贡献力量，还可以为运动员的全面发展提供有力支持。

二、提高高校高水平健美操运动员训练质量

（一）建设与优化教练员队伍

优秀的健美操教练员队伍能够培养优秀的健美操运动员,高校必须重视对健美操教练员队伍的建设,不断优化队伍结构和提升队伍的专业能力,为促进高水平健美操运动队的持续发展提供保障。

高校健美操教练员队伍的建设首先要确保教练员的专业性,教练员需要拥有扎实的健美操理论基础和丰富的实践经验,还要熟悉相关的运动生理学、解剖学等专业知识,以便能够科学地指导学生进行训练。教练员还应具备创新能力和学习精神。健美操是一项不断发展和变化的运动,新的动作、音乐和风格层出不穷。因此,教练员需要时刻保持敏锐的洞察力,关注健美操的最新动态,并将这些新知识、新技能引入训练中。此外,教练员还应具备较高的组织和管理能力,能够安排好运动员的日常训练和比赛,并对运动队进行全面管理,确保训练过程的顺利进行和良好比赛成绩的获取。

高校应该建立完善的培训机制,定期组织教练员参加各种专业培训和学习活动。这些培训活动可以包括理论学习、实践技能提升、训练方法创新等多个方面,旨在帮助教练员不断拓宽视野、更新知识、提升技能。同时,高校还应该注重教练员的职业规划和发展。通过设立激励机制、提供晋升机会等措施,激发教练员的工作热情和进取心,促使他们不断追求自我提升和发展。此外,高校还可以与国内外优秀健美操教练、专家建立合作关系,邀请他们来校进行交流、指导,为教练员队伍注入新的活力和灵感。

在高校健美操教练员队伍建设和优化中,文化建设同样具有重要意义,可以通过定期组织团队建设活动、分享交流会议等增进教练员之间的了解和信任。还可以完善激励机制,表彰在训练、科研等方面取得突出成绩的教练员,激发整个团队的凝聚力和向心力。

总之,只有通过以上努力,才能打造出优秀的健美操教练员队伍,为高校高水平健美操运动队的发展提供有力保障。

（二）建立系统化、科学化的健美操训练体制

要使高校高水平健美操运动队得到更好的发展，建立系统化、科学化的训练体制显得尤为重要，系统化的训练体制意味着需要从整体上规划健美操的训练内容。这包括明确训练目标、制订训练计划、合理安排训练时间等。在训练目标的设定上，不仅要注重提升学生的技术水平，还要注重培养学生的团队合作精神、竞争意识和心理素质。在训练计划的制订上，应该根据学生的实际情况和训练目标，科学合理地安排训练内容、训练强度以及训练频率。同时，还要注重训练时间的合理安排，避免过度训练导致学生文化学习不能兼顾。

健美操训练体制还应该具备科学性，主要就是训练方法的科学性和有效性，根据学生的技术水平选择适合的训练方法，对于高水平的健美操运动员一般采取高强度、高难度的训练方法。教练员要注重训练方法的创新，不断探索新的训练方法和技术手段，有效提升运动员的健美操竞技能力。

建立系统化、科学化的高校健美操训练体制还需要高校注重训练条件的改善。良好的训练条件是训练效果的重要保障，高校应该加大对健美操场地、器材等方面的投入力度，确保运动队能够在良好的环境中进行训练，使每个队员都能以积极的态度投入训练，提高训练效果。

（三）建立完善的健美操竞赛机制

如果高校高水平健美操运动队不参加健美操比赛，不与其他高水平运动队在赛场上进行交流，那么很难发现自己的不足和与其他高水平运动队的差距。高水平健美操运动队的训练效果如何，主要就是通过参加比赛检验的。如今，高校体育发展的社会化趋势、产业化趋势、市场化趋势已经势不可挡，高校健美操协会应充分发挥自身的作用，与有关部门联合建立大学生健美操竞赛制度，为大学生运动员提供比赛机会。对于经常参加健美操比赛的高校健美操队伍，有关部门或机构要予以奖励，并多为其提供参赛机会。对于长期不参加比赛的院校，给予一定的处罚，如减少招生名额。

(四)构建合理的训练质量评价体系

高校高水平健美操运动队作为培养优秀健美操人才的重要基地,其训练质量直接关系到运动员竞技水平的提高和我国竞技健美操运动的发展。建立科学、合理的训练质量评价体系对于检验和提升高校健美操运动队的训练水平具有重要意义。

训练质量评价是对运动员训练过程及其效果的综合评估,在构建健美操训练质量评价体系时,应以科学理论为指导,评价体系应涵盖健美操训练的各个方面,以全面反映运动员的综合表现,评价内容主要包括运动员的体能、技能、心理素质、团队协作能力以及训练过程等多个方面。评价方法的选取应综合考虑运动员的个体差异、训练阶段的特点以及比赛要求等因素,确保评价结果的科学性和公正性。训练质量评价体系应具有可行性,方便教练在实际操作中使用。

在实施高校健美操训练质量评价体系时,可采取量化评分法,将各项评价指标进行量化处理,根据得分情况对运动员的表现进行综合评价。也可以采取对比分析法,将运动员的表现与同一水平的其他运动员进行对比分析,以找出优势和不足。最后要将评价结果及时反馈给运动员,指导他们进行针对性的训练和调整。

在健美操训练质量评价体系的实际应用中,可以结合具体的训练目标和比赛要求,对评价体系进行细化和调整。例如,在备战大型比赛时,教练员可以增加对运动员竞技状态的评价,以更好地预测运动员在比赛中的表现。此外,还可以利用现代信息技术手段,如运动生物力学分析、心理测评软件等,对评价体系的实施进行辅助和支撑,为教练员和运动员提供更加准确、全面的数据支持,帮助他们更好地分析问题和提高训练质量。

三、构建高校健美操"学训一体化"培养机制

(一)"学训一体化"培养机制的概念

"学训一体化"培养机制,简而言之就是一种将学习与训练紧密结合、同步推进的教育模式,其核心要素包括体育特长技能的培养和文化

知识的教育两个方面。在高校健美操运动员的培养实践中,运动员往往面临着专项技能与文化学习之间的冲突。他们通常在健美操技能方面表现出色,但在学业成绩上却常常不尽如人意,这种矛盾导致技能与学业成绩的不平衡。为了解决这一问题,学训一体化培养机制应运而生,旨在将学习与训练有机结合,为选拔、培养和输送优秀的健美操后备人才提供有力支持。这种培养机制对于促进运动员全面发展、提高综合素质具有重要意义。

(二)"学训一体化"培养机制构建的必要性

1. 运动员对"学训一体化"培养机制构建的需求

在素质教育的深入影响下,以人为本和全面发展的理念在教育过程中日益凸显。对于高校健美操运动员而言,他们的个体意识和基本需求成为必须高度重视的核心内容。众多高校健美操运动员对"学训一体化"培养机制的构建表示认同,并认为其至关重要,这从侧面反映出他们的整体意识有了显著的提升。

"学训一体化"培养机制不仅有效地协调了高校健美操运动员学习与训练的关系,还为他们带来了全新的学习体验。通过该机制,运动员们能够更好地平衡学业与训练,为未来的职业发展奠定坚实的基础。这一机制的实施将为高校健美操运动员的全面发展提供有力的支持。

2. 家长对"学训一体化"培养机制构建的态度

从家长的视角来看,他们对高校健美操运动员的支持程度和对健美操与文化教育的认知,都将对高校健美操运动员的发展产生深远影响。家长不仅是学生学习行为的坚强后盾,更是构建全面素质能力体系的重要支撑。值得欣慰的是,大部分家长都对学校实施的"学训一体化"培养机制积极支持。这种态度不仅有助于运动员在健美操领域的专业成长,也能促进他们在文化教育方面的全面发展,从而实现个人潜力的最大化。

3. 教练对"学训一体化"培养机制构建的认可度

在高校健美操运动员的培育路径中,教练所扮演的积极引导者角色至关重要,无可替代。他们不仅是制定和执行训练计划的核心人物,还是整个过程的组织者。大多数教师和教练都对"学训一体化"培养机制持高度认可,认为其具有广泛的实践应用和推广价值。目前,传统的培养方式仍主导着高校健美操运动员的培养,这在一定程度上限制了健美操运动的发展。因此,在素质教育的理念下,教练和教师们更愿意为"学训一体化"培养机制的构建提供必要的支持和推动力。

(三)"学训一体化"培养机制构建的优势

1. 现代社会对体育教育越来越重视

在社会主义新时代的背景下,对体育教育的重视程度正持续增强。随着"体育强国"战略的推进,"全民健身""终身体育"和"健康第一"等理念日益深入人心,各类体育运动和锻炼活动正如火如荼地展开,从而不断优化体育教育的发展环境。在这样的大背景下,高校运动员的数量逐年增长,政策的支持也为探索"学训一体化"的培养机制提供了有力的保障。

2. 素质教育的快速普及与发展

在素质教育的熏陶下,学生的综合素养得到了全面提升,这间接揭示了应试教育的不足,同时也突显了对能力培养的重视。高校健美操运动员的"学训一体化"培养模式的构建,不仅满足了素质教育的基本需求,而且两者相互支持、共同推动,形成了良性互动。

3. 走出"唯文化成绩"的发展误区

高校健美操运动员队伍正逐渐壮大,"学训一体化"的培养模式颠覆了以往单纯以文化成绩为衡量标准的传统发展模式,为高校健美操运动员的成长提供了全新的发展路径。

（四）"学训一体化"培养机制构建的策略

1. 制定针对运动员需求的可行方案

（1）以高校健美操运动员的个人发展需求和高校人才培养目标为导向，积极改善教育环境，确保满足运动员的学习需求。同时，深入研究和理解考试内容与大纲，对专业知识点进行细致分析，明确考核的重点和难点。

（2）进一步优化和改善高校健美操运动员的"学训一体化"培养环境。构建系统的、周期性的培养方案，确立清晰的培养框架，并严格按照培养框架和基本方案执行，确保运动员在学术和训练上都能得到全面而有效的提升。

2. 积极转变理念，与社会发展需求相适应

随着社会的日新月异，高校健美操运动员的培养方式亦需与时俱进，秉持动态性原则。在教学与训练过程中，教师必须摒弃陈旧的观念，确保培养目标紧密贴合社会的发展需求。

构建高校健美操运动员"学训一体化"的培养机制，理念的转变很重要。从学校层面来看，应深刻理解健美操运动员培养的重要性，并为此提供多元化的政策扶持和资源倾斜。同时，应激励教师积极探索"学训一体化"的发展模式，这对于培养机制的完善至关重要。

从教师的视角出发，需要不断研究与创新教学和训练方法，并将前沿的训练理念融入培养机制中。此外，教师还需深入了解高校健美操运动员的社会需求与发展现状，使培养更具针对性。

尽管理念的转变充满挑战，但必须确保其与社会发展需求相契合，以确保"学训一体化"培养机制的实际效果。

3. 定期开展心理讲座

高校健美操运动员是一个独特的群体，实施"学训一体化"的培养机制对于他们的成长具有显著的积极影响。然而，我们也必须正视现实，当前这个群体所处的发展环境并不理想，因此他们面临着较大的心理压力。因此，开展有针对性的心理疏导工作显得尤为关键和迫切。

从体育教育的视角来看，学校扮演着至关重要的角色。学校需要积

极行动,定期邀请健美操运动员及其家长参加心理健康讲座,向家长传授心理疏导的技巧和方法。通过这样的活动,学校可以有效地调节高校健美操运动员的心理健康状况。这种心理调节不仅有助于运动员认识到学习和训练的重要性,还能有效缓解他们的心理压力,使他们学会自我调节。在这样一个积极、健康的环境中学习和训练,对于高校健美操运动员的全面发展无疑是大有裨益的。

4. 做好基础设施建设与资源方面的整合

在构建高校健美操运动员的"学训一体化"培养机制时,基础设施的建设与资源整合同样至关重要,它们是支撑这一机制顺利运作的基石。为了确保健美操运动员能在优质的环境中提升技能和健康成长,高校需从以下方面着手改进。

第一,关于基础设施。无论何种体育教育,完善的体育设施都是不可或缺的。健美操运动亦是如此,高校必须为运动员提供适宜的训练场地和设备,保障他们在良好的环境中进行学习和训练。

第二,教学资源方面。教材资源的开发是首当其冲的任务。此外,为了丰富学训内容,高校需积极拓宽资源获取渠道,搭建多元化平台,为健美操运动员提供更丰富、更实用的学习资源。

第三,师资力量的培养同样关键。教师应不断提升自我,更新教学观念和训练方法,以满足"学训一体化"培养机制对高校健美操运动员的全面要求。只有这样,才能确保运动员在技能提升的同时实现全面发展。

四、解决高校高水平健美操运动员的学训矛盾

高校高水平健美操运动员需要在学业和训练之间分配时间和精力,但二者之间的矛盾在所难免,运动员往往难以兼顾。一方面,学业是他们必须完成的基本任务,关系到他们的未来职业发展。另一方面,训练是他们提高竞技水平和比赛成绩的重要途径。这种矛盾使得运动员常常陷入两难,有时甚至文化学习和运动训练都没有取得实质性的成果。对此,必须抓紧解决学训矛盾,妥善处理二者的关系,平衡运动员的学习和训练。下面简要分析协调与解决高校高水平健美操运动队学训矛盾的策略。

（一）全方位深入贯彻体教融合

要想协调与解决高校高水平健美操运动队的学训矛盾，必须全方位贯彻体教融合，要积极促进目标融合、资源融合和措施融合。

1.目标融合

体教融合的宗旨是培养全面发展的运动员人才。体育系统与教育系统应围绕这一宗旨，统一明确培养目标，使体育人才培养有明确的方向，并在目标引领下实现体育与教育的全领域融合、全阶段融合以及全方位融合。具体来说，在目标融合中，要重点推动高校健美操运动员培养机制的健全与完善，对"以体育人"的功能和价值进行深入挖掘，并加强高校与社会的互动与合作，使教育系统对运动员的培养获得社会各界的关注、支持和参与。

2.资源融合

体育与教育的融合还要落实在资源融合中，整合有关部门的优势资源，并合力开发能够促进运动员全面发展的体育资源与教育资源，优化配置各类资源，促进资源共享，为健美操运动员的体教融合培养提供良好的资源条件，创设人才培养的优良环境，从基础上保障体教融合的高效运行和人才培养工作的顺利开展。

3.措施融合

体教融合理念最终都要在一个个具体的措施中贯彻落实，因此全方位深入贯彻体教融合理念，还必须加强措施融合。在体育系统与教育系统的措施融合中，要对高校体育的基础地位加以巩固，促进高校培养效能的提升，完善体教融合的组织体系与人才培养机制，在具体的可行性措施中开展各项可操作的具体工作，充分发挥高校、俱乐部及社会组织在健美操运动员培养中的积极作用。具体而言，可深化高校与体育部门的合作，从文化知识、运动训练、道德培养等方面提升健美操运动员的综合素养，并深化体教融合改革，建立健美操俱乐部、培训机构，建立校企合作机制，为健美操运动员提供健康管理、技能培训等服务，推进体育、文化、教育等互融互通。

(二)加强考勤管理

高水平健美操运动员的考勤管理包括文化课的考勤管理和训练的考勤管理,很多运动员常常因为训练忽视了文化学习,因此这里强调的是加强文化课考勤管理。有些健美操运动员因为对文化学习不够重视,因此常常旷课、缺课、迟到早退。对此,需要严格落实文化课考勤制度,加强管理,严格检查健美操运动员文化课出勤情况,并详细记录,对旷课、缺课、迟到早退的运动员给予不同程度的处罚,并加强对运动员的思想教育工作。

(三)制订合理的训练计划

高校健美操教练员应该根据大学生运动员的专业课程安排和训练需求,制订合理的训练计划。训练时间应该避开专业课上课时间,尽量安排在课余时间或周末。同时,训练内容应该与运动员的学业相协调,避免产生过多的学业压力。

(四)加强学业辅导

针对运动员在文化课程学习中可能遇到的困难,学校应该提供专门的学业辅导服务。这可以包括安排专门的辅导老师、开设学业辅导班等。通过这些措施,帮助运动员解决学业问题,提高学习效率,从而解决学业和训练之间的矛盾。

(五)建立良好的学训沟通机制

高校和教练应该与运动员建立良好的沟通机制,及时了解他们在文化学习和运动训练方面的困难和需求。通过定期的会议、问卷调查,让运动员有机会表达自己的想法和建议,以便更好地解决他们的实际问题,更有针对性地提供学习或训练方面的支持。

（六）提高运动员的自我管理能力

运动员应该学会合理安排自己的时间和精力，提高自我管理能力。可以制定详细的时间表，将学习和训练的时间明确划分出来。同时，还可以利用一些学习技巧和时间管理方法来提高学习效率，从而减轻学业和训练之间的矛盾。

高校高水平健美操运动队的学训矛盾是一项长期而艰巨的任务，需要加强监督和管理，从思想上高度重视，不可偏颇一方，否则不利于运动员的长期发展。

第七章

高校健美操技能学练科学指导

　　高校健美操实践课以健美操技能为主要教学内容，健美操技术教学与练习贯穿实践课始终，学生必须通过学习掌握与熟练运用健美操基本动作、组合动作、成套动作等，这样才能达到通过健美操学练增强体质、提高健美操运动素养以及在健美操比赛中取得优异成绩等目的。本章主要对高校健美操技能学练进行研究，包括健身健美操技能学练、竞技健美操技能学练以及拓展项目（如啦啦操、健身街舞和瑜伽）的技能学练。

第一节　健身健美操技能学练指导

一、基本动作学练

（一）基本手型

1. 掌

（1）并指掌
大拇指指关节弯曲内扣，其余四指并拢伸直。手腕伸直，使手臂成一条直线。关节与掌指关节适度紧张(图7-1①)。

（2）分指掌

五指用力分开,并伸直(图7-1②)。

（3）屈指掌

手掌张开,五指自然弯曲(图7-1③)。

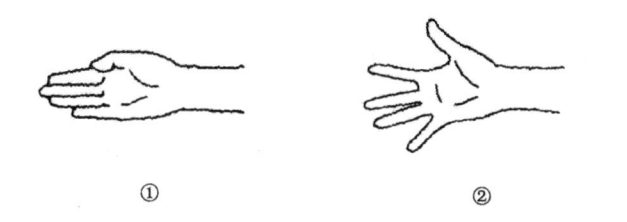

图 7-1 掌

2. 拳

（1）实心拳

拇指握住四指,中间无空隙(图7-2①)。

（2）空心拳

拇指握住四指,中间有空隙(图7-2②)。

图 7-2 拳

(二)头颈部动作

1. 屈

头部向前、后、左、右4个方向分别做颈部关节弯曲的运动,包括前屈、后屈、左侧屈、右侧屈(图7-3)。练习时身体正直,动作缓慢,充分伸展颈部肌肉。

图 7-3 屈

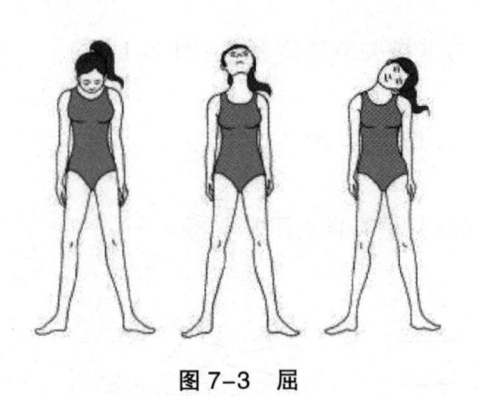

2. 转

头正直,头颈部沿身体垂直轴向左、右转动 90°。要求下颌平稳地左右转动。动作包括左转、右转(图 7-4)。

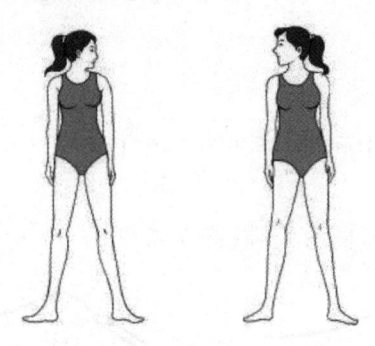

图 7-4 转

3. 环绕

头正直,头颈部沿身体垂直轴向左或右转动 360°,包括左环绕和右环绕(图 7-5)。要求头部匀速缓慢转动,动作要到位,向后转时头要后仰。

图 7-5　环绕

(三) 肩部动作

1. 提肩

两脚开立,身体正直,肩部沿身体垂直轴向上提起(图 7-6)。要求肩部尽可能向上提起,身体不能摆动。

图 7-6　提肩

2. 沉肩

两脚开立,身体正直,肩部沿身体垂直轴向下沉落(图 7-7)。注意身体不能摆动,头尽量向上伸展。

图 7-7　沉肩

3. 绕肩

两脚开立，身体正直，肩部沿身体前、后、上、下四个方向绕动。动作变化包括单肩环绕、双肩环绕（图 7-8）。绕肩时身体不要摆动，动作尽量舒展。

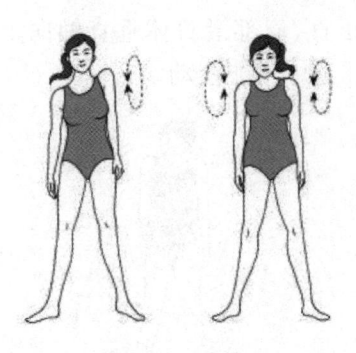

图 7-8　绕肩

（四）上肢动作

1. 举

手臂以肩关节为中心进行活动，可以向不同方向举（图 7-9）。注意动作到位，有力度。

图 7-9 举

2. 屈

这是肘关节由弯曲到伸直或由伸直到弯曲的动作,具体形式如图 7-10 所示。注意关节屈伸要有弹性。

图 7-10 屈

3. 绕、环绕

两臂或单臂以肩为轴做弧线运动。动作变化如图 7-11 所示。注意路线清晰,起始和结束动作位置明确。

图 7-11　绕、环绕

（五）躯干动作

1. 胸部动作

（1）含胸、挺胸

含胸时，低头收腹、收肩、形成背弓、呼气；挺胸时，抬头挺胸、展肩、吸气。注意含胸时身体放松，但不松懈；挺胸时身体紧张但不僵硬（图7-12）。

图 7-12　含胸和挺胸

（2）移胸

髋部位置固定，腰腹带动胸部左右移动；动作幅度尽量大。

2. 腰部动作

（1）屈

腰部向前或向侧做拉伸运动。动作变化如图 7-13 所示。要求充分伸展，运动速度适中。

图 7-13 屈

（2）转

腰部带动身体沿垂直轴左右转动。身体保持适度紧张，转动要灵活（图 7-14）。

图 7-14 转

（3）绕和环绕

腰部做弧线或圆周运动。动作变化有与手臂动作相结合进行的腰部绕和环绕。注意路线清晰、动作圆滑。

3. 髋部动作

（1）顶髋

两腿开立，一腿支撑并伸直，另一腿屈膝内扣，双手叉腰，上体正直,用力顶髋。动作形式如图7-15所示。注意动作用力且有节奏感。

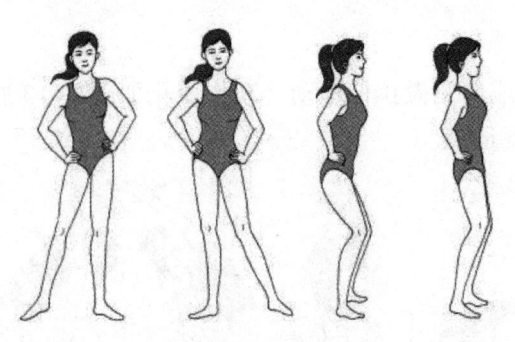

图7-15 顶髋

（2）提髋

髋向上提。注意髋与腿部协调向上活动。

（3）绕和环绕

髋做弧线或圆周运动。动作变化包括左、右方向绕和环绕动作。注意运动轨迹要圆滑（图7-16）。

图7-16 环绕

（六）下肢动作

1. 立

（1）直立、开立

直立时,身体正直,两腿并拢,两脚脚跟相抵,双手叉腰,挺胸抬头。开立时,在直立的基础上两腿打开,脚间距约同肩宽（图7-17）。

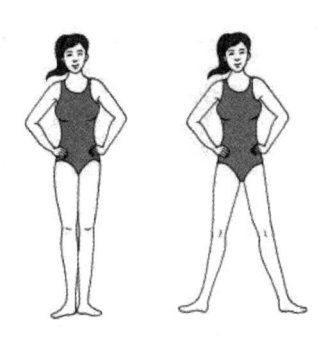

图 7-17　直立与开立

（2）点立

先直立，一侧腿伸出做点立或双腿提起做提踵立。动作变化包括侧点立、前点立、后点立、提踵立。注意动作要舒展。

2. 弓步

先直立，然后一腿大步迈出，做屈的动作。动作变化如图 7-18 所示。

图 7-18　弓步

3. 踢

两腿交替踢腿。动作变化如图 7-19 所示。注意动作干净利落。

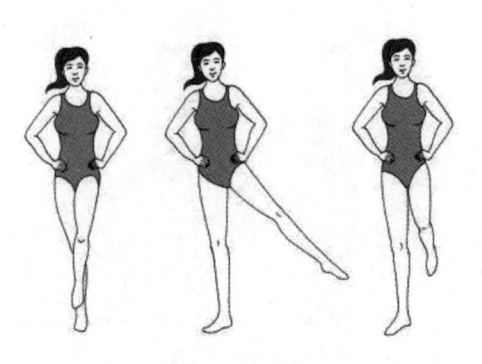

图 7-19 踢

4. 弹

双腿进行弹动动作。动作变化有正弹腿、侧弹腿(图 7-20)。注意动作要有弹性。

图 7-20 弹

5. 跳

双手叉腰,身体直立,做各种姿势的跳。动作变化有并腿跳、开并腿跳、踢腿跳(图 7-21)。注意动作要有力度和弹性。

图 7-21　跳

二、组合动作学练

（一）组合一（8×8 拍）

1. 第一个八拍

如图 7-22 所示，预备姿势：站立。
1-4 拍：
下肢步伐：右脚采用十字步。
上肢动作：1 侧举右臂，2 侧举左臂，3 上举双臂，4 下举。
5-8 拍：
下肢步伐：向后走四步。
上肢动作：屈臂进行自然摆动，7-8 同 5-6 动作。

图 7-22　第一个八拍

2. 第二个八拍

动作同第一个八拍,但向前走4步。

3. 第三个八拍

如图7-23所示。

1-6拍:

下肢步伐:右脚开始6拍漫步。

上肢动作:1-2右手前举,3双手叉腰,4-5左手前举,6双手胸前交叉。

7-8拍:

下肢步伐:右脚向后1/2漫步。

上肢动作:双臂侧后下举。

图7-23 第三个八拍

4. 第四个八拍

如图7-24所示。

1-2拍:

下肢步伐:右脚向右并步跳。

上肢动作:屈右臂自然摆动。

3-8拍:

下肢步伐:左脚向右前方做前、侧、后6拍漫步。

上肢动作:3-4前平举弹动2次,5-6侧平举,7-8后斜下举。

图 7-24　第四个八拍

第 5-8 个八拍与第 1-4 个八拍动作相同,但方向相反。

(二)组合二(8×8 拍)

1. 第一个八拍

如图 7-25 所示。

1-2 拍:

下肢步伐:右脚向右侧滑步。

上肢动作:右臂侧上举,左臂侧平举。

3-4 拍:

下肢步伐:1/2 后漫步。

上肢动作:双臂屈臂后摆。

5-6 拍:

下肢步伐:左脚向前方做并步。

上肢动作:击掌 3 次。

7-8 拍:

下肢步伐:右脚向右后做并步。

上肢动作:双手叉腰。

图 7-25　第一个八拍

2. 第二个八拍

如图 7-26 所示。

1-2 拍：

下肢步伐：左脚向左后方并步。

上肢动作：击掌 3 次。

3-4 拍：

下肢步伐：右脚向右后做并步。

上肢动作：双手叉腰。

5-6 拍：

下肢步伐：左脚向前左侧滑步。

上肢动作：左臂侧上举。

7-8 拍：

下肢步伐：1/2 后漫步。

上肢动作：双臂屈臂后摆。

图 7-26　第二个八拍

3. 第三个八拍

如图 7-27 所示。
1-4 拍：
下肢步伐：右转 90°，右脚上步吸腿 2 次。
上肢动作：双臂向前冲拳、向后下冲拳 2 次。
5-8 拍：
下肢步伐：左脚 V 字步左转 90°。
上肢动作：双臂由右向左水平摆动并收回。

图 7-27　第三个八拍

4. 第四个八拍

如图 7-28 所示。
1-4 拍：
下肢步伐：左腿吸腿（侧点地）2 次。
上肢动作：1 双臂胸前平屈，2 左臂上举，3 同 1 动作，4 还原。
5-8 拍：
5-8 同 1-4 动作，但方向相反。

图 7-28　第四个八拍

第 5-8 个八拍与第 1-4 个八拍动作相同,但方向相反。

(三)组合三(8×8 拍)

1. 第一个八拍

如图 7-29 所示。

1-4 拍:

下肢步伐:向左侧并跳步,4 拍时右转 90°。

上肢动作:双臂上举,下拉。

5-8 拍:

下肢步伐:左脚侧交叉步。

上肢动作:双臂屈臂前后摆动,8 拍时,上体向左扭转 90°,朝正前方,双臂侧下举。

图 7-29　第一个八拍

2. 第二个八拍

如图 7-30 所示。
1-4 拍：
下肢步伐：向右侧并跳步，4 拍时左转 90°。
上肢动作：双臂上举、下拉。
5-8 拍：
下肢步伐：左脚和右脚分别完成 1 次侧并步。
上肢动作：5-6 右臂前下举后还原，7-8 左臂前下举后置于体侧。

图 7-30　第二个八拍

3. 第三个八拍

如图 7-31 所示。
1-4 拍：
下肢步伐：左脚和右脚分别向前一字步，然后还原。
上肢动作：1 双臂肩上屈，2 两臂下举，3-4 双臂肩前屈。
5-8 拍：
下肢步伐：左、右依次分并腿。
上肢动作：5-6 双臂上举，掌心朝前，7-8 双手放膝上。

图 7-31　第三个八拍

4. 第四个八拍

如图 7-32 所示。

1-4 拍：

下肢步伐：左脚和右脚分别向后一字步并还原。

上肢动作：1-2 手侧下举，3-4 胸前交叉。

5-8 拍：

下肢步伐：左、右依次分并腿 2 次。

上肢动作：双臂经胸前交叉侧上举 1 次，侧下举 1 次。

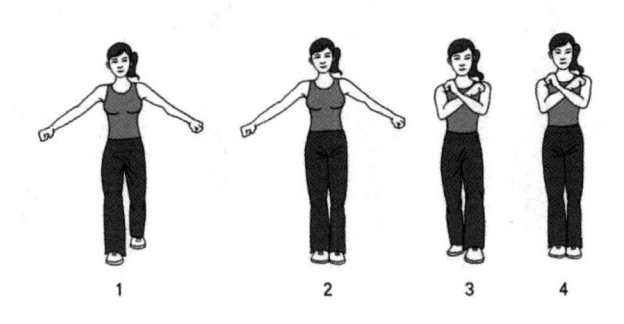

图 7-32　第四个八拍

第 5-8 个八拍与第 1-4 个八拍动作相同,但方向相反。

(四)组合四(8×8 拍)

1. 第一个八拍

如图 7-33 所示。

1-8 拍:

下肢步伐:右脚开始小马跳 4 次,向侧向前成梯形。

上肢动作:1-2 右臂体侧向内绕环,3-4 换左臂,5-8 同 1-4 动作。

图 7-33　第一个八拍

2. 第二个八拍

如图 7-34 所示。

1-4 拍:

下肢步伐:右脚开始弧形跑 4 步,右转 270°。

上肢动作：屈臂自然摆动。

5-8 拍：

下肢步伐：开合跳 1 次。

上肢动作：5-6 双手放腿上，7 击掌，8 放于体侧。

图 7-34　第二个八拍

3. 第三个八拍

如图 7-35 所示。

1-4 拍：

下肢步伐：右脚向右前上步后屈腿，然后向前上步后还原。

上肢动作：1 双臂胸前交叉，2 右臂侧举、左臂上举，3 同 1 动作，4 双手叉腰。

5-8 拍：

下肢步伐：右转 90°，左脚向前上步后屈腿。

上肢动作：动作同 1-4，但方向相反。

图 7-35　第三个八拍

4. 第四个八拍

如图 7-36 所示。

1-4 拍：

下肢步伐：右、左侧点地各一次。

上肢动作：1 右手左前下举，2 双手叉腰，3-4 动作相同，但方向相反。

5-8 拍：

下肢步伐：右脚上步向前转脚跟，还原。

上肢动作：5 双臂胸前平屈，6 前推，7 同 5 动作，8 放于体侧。

图 7-36　第四个八拍

第 5-8 个八拍与第 1-4 个八拍动作相同,但方向相反。

第二节　竞技健美操技能学练指导

一、操化动作学练

(一)操化组合一

1. 动作方法

1×8 拍完整操化组合。

第 1 拍头向右,手臂发力快速到位;3-4 拍抬头亮相,两脚在空中交替,依次落地;第 6 拍抬头亮相,手臂发力快速到位;7-8 拍手臂发力快速到位,空中夹腿发力。

2. 辅助练习方法

（1）慢拍练习。

（2）负重练习：手、脚同时绑上沙袋，重复练习操化动作。

（3）行进间练习 a：练习者站成一纵排，向前行进间进行操化练习，要求每个人发力速度一致。

（4）行进间练习 b：练习者站成一横排，向前行进间进行操化练习。

（二）操化组合二

1. 动作方法

2×8 拍完整操化，要求练习者有较强的身体素质与操化基本功。

第一个八拍的第 1 拍手臂延伸发力，快速到位，抬头亮相；第 4 拍的手臂要延伸，重心下压，目光跟随手的方向；第 6 拍的步伐是交换锁步，重心需略微下降；第 7 至 8 拍，吸腿交换大踢腿，需注意发力的速度和幅度。

第二个八拍的第 2 拍重心降低，手臂延伸，目视 1 点方向；第 5、6 拍，鹿跳，注意姿态，手臂延伸，亮相；第 7 拍，头看向左方；第 8 拍注意发力，手臂要快速到位，亮相。

2. 辅助练习方法

（1）慢拍练习。

（2）负重练习。

（3）行进间练习。

二、难度动作学练

国际体操联合协会在《2022—2024 周期竞技健美操评分规则》中，将健美操难度分为三组 8 类动作。

A 组为地面难度，分为三个类别。类别 1：动力性力量；类别 2：静力性力量；类别 3：旋腿类动作。

B 组为空中难度，分为三个类别。类别 4：动力性跳步；类别 5：姿态跳步；类别 6：纵劈腿跳/跃。

C 组站立难度，分为两个类别。类别 7：转体；类别 8：柔韧。

由于竞技健美操难度动作涉及内容较多，因而下面只对各难度组别中具有代表性的各类别难度动作进行分析。

（一）A 组（地面难度）

1. 动力性力量类动作教学

（1）提臀起成文森俯卧撑

①动作方法

前撑，俯卧撑推起后，空中提臀屈体，当手和脚同时接触地面时成文森俯卧撑。

②辅助练习方法

第一，连续腾空击掌俯卧撑：根据练习者能力，两手推起离地时可完成 1～2 次击掌，连续进行。

第二，单项发力练习：两脚固定，推起后手离地，上体向两腿贴近；两手固定，推起后脚离地，两腿向上体贴近。

（2）分切转体 180°成俯撑

①动作方法

前撑，屈臂推地使身体腾空，分腿摆越转体 180°，夹腿落地成俯撑姿态。

②辅助练习方法

第一，俯卧撑后前击掌，练习上肢爆发力。

第二，俯卧撑推起，空中转体 90°，练习推手后转体。

2. 静力性力量类动作教学

（1）分腿支撑转体 360°

①动作方法

以分腿坐姿开始，两手放于体前支撑，只有手掌触及地面，转体 360°，以分腿支撑姿态结束。

②辅助练习方法

第一，分腿坐立，两手体前触地与肩同宽，上下举腿，可连续完成。

第二,分腿支撑,左右倒手。
（2）锐角支撑
①动作方法
并腿坐立姿态开始,两手放于大腿两侧贴近髋部支撑,只允许手掌触地,屈髋,双腿并拢上举至垂直位置贴近于胸,保持高直角支撑姿态2秒。
②辅助练习方法
第一,准备与手臂等高的垫子,两手撑地,腰部置于垫子上方成锐角支撑姿势,保持肩部受力,静力控制。
第二,由直角支撑开始,屈髋举腿至高直角支撑并还原,加强三头肌控制能力。

3. 旋腿类动作教学

（1）托马斯转体360°成文森
①动作方法
从起始姿势开始,摆腿至直臂支撑两腿腾空,完成托马斯全旋同时转体360°,以文森姿势结束。
②辅助练习方法
第一,单臂侧控。
第二,侧卧,侧踢腿至肩后。
第三,俯卧撑左右倒手练习。
（2）直升飞机成文森
①动作方法
从摆动腿启动与另一条腿交叉姿势开始,准备依次同向摆动绕环,单手扶地顺势侧倒成仰卧,两腿依次经面部环绕,至少完成3/4周转体后踢腿至文森俯卧撑姿态。结束方向必须与起始方向相同。
②辅助练习方法
第一,两腿依次经面部左右方向绕腿练习。
第二,分腿仰卧,摆腿转体3/4周成俯撑。

（二）B组（空中难度）

1. 动力性跳步动作教学

（1）直体跳转720°

①动作方法

单腿伸直绷脚上步，两手一前一侧向上带臂，并脚预跳，两臂由上至下摆动的同时拧腰，两腿同时垂直起跳，完成转体720°，手臂动作不限，两脚并拢同时落地。

②辅助练习方法

第一，起跳下蹲：两脚并拢，身体与地面保持垂直，直立进行下蹲，随后蹬腿，同时向上带臂，肩关节转动，过程中可以增加重量，并进行深浅交叉练习。

第二，立踵练习：两脚并拢，身体直立，可以扶墙或把杆，立起脚尖后落下，可连续进行。

（2）自由倒地360°成俯撑

①动作方法

两脚并拢垂直起跳，腾空后倒并迅速转体360°，手脚同时着地，以俯撑姿态结束。

②辅助练习方法

第一，俯卧撑类：并脚起跳，空中核心区紧住，落成俯撑姿态。

第二，平板支撑静控：加强腰腹力量，防止落地时腹部触地。

2. 姿态跳步动作教学

（1）转体360°团身跳

①动作方法

垂直起跳，腾空阶段转体360°并完成团身动作，两脚并拢同时落地，结束与起始面向相同。

②辅助练习方法

第一，单腿吸腿踹腿：两脚并拢站立，任意一腿快速吸至胸前并加速踹腿还原，上体始终保持直立。

第二，连续团身两头起：仰卧于地面，上下身同时向内收紧成团身姿势，然后快速展开身体旋转成侧卧，如此左右循环。

（2）转体360°屈体分腿跳成俯撑

①动作方法

两腿并拢站立，由上至下带臂同时拧腰，垂直起跳转体360°，空中成屈体分腿姿态，上身前倾，在落地前身体展开成直体，以俯撑姿势结束，结束与起始面向相同。

②辅助练习方法

连续分腿跳练习：垂直起跳后两腿侧上举至屈分姿势，落地后迅速再次跳起重复屈分跳动作，连接之间无停顿。

连续屈分两头起：练习者平躺于垫子上，上下身同时向内收紧，成屈体分腿姿态并还原，连续重复进行。

3. 纵劈腿跳／跃类动作教学

（1）交换腿跳跃

①动作方法

单脚起跳，一腿前摆带动身体向上腾起（摆动腿在起跳前至少达到与地面成45°），空中两腿交换并展示纵劈腿姿态，前脚先落地，以两脚并拢站立姿势结束。

②辅助练习方法

第一，空中撕叉：两腿同时起跳，空中完成纵劈腿动作后并脚落地，连续重复练习动作。

第二，单腿小跨跳：单脚上步起跳腾空，空中完成一次小幅度跨跳后两脚依次落地。

（2）剪式变身跳转体180°

①动作方法

单脚上步，一腿向前摆动蓄力（摆动腿在起跳前至少达到与地面成45°），另一腿垂直蹬地起跳并转体180°，腾空阶段交换腿展示纵劈腿姿态后转体180°，两脚同时落地，面向与起跳方向一致。

②辅助练习方法

第一，纵劈腿跳：垂直起跳，完成一次纵劈腿跳后两脚并拢落地，连续重复练习。

第二，扶杆后摆腿：练习者单手扶把杆侧向站立，内侧支撑腿垂直站立，外侧摆动腿向后发力摆动，紧密重复进行。

（三）C组（站立难度）

1. 转体类动作教学

（1）单足转体1080°

①动作方法

以右主力腿为例，单腿站立平衡，左臂水平向后摆动，带动转肩，支撑腿脚跟立起，下身以腰部为枢纽跟随肩部一起转动，完成完整的1080°转体，自由腿和手臂动作不限，以单腿站立或双腿站立姿态结束。

②辅助练习方法

第一，立踵静控：摆动腿提膝至大腿平行于地面，支撑腿膝关节伸直，脚跟立起，两臂胸前平屈，保持此姿态静控。

第二，带臂练习：左臂水平向后摆动，带动转肩，下身跟随肩部一起转动。

（2）水平控腿立转360°

①动作方法

单腿站立，摆动腿伸直，保持摆动腿水平控腿前举，在垂直轴上完成完整的360°控腿转体，控腿低于水平高度不能超过15°。自由臂动作不限，以单腿或双腿站立姿态结束。

②辅助练习方法

第一，把杆摆腿：身体背对把杆，两手扶把，上身直立，支撑腿脚跟立起，摆动腿从水平静控向内摆至前控并还原，可连续重复进行。

第二，把杆旋转：摆动腿前摆至水平面，手扶把杆带动身体旋转，旋转度数由180°逐渐增加至360°。

2. 柔韧类动作教学

（1）无支撑垂地劈腿

①动作方法

一腿支撑身体，另一腿举起至180°成垂地劈腿姿态，手不触地，手臂动作不限，头、躯干与腿成一直线，随后身体杠杆压起，两脚并拢站立结束。

②辅助练习方法

第一，垂地后踢腿：两手触地位于支撑腿两侧，摆动腿连续后踢至180°。

第二，慢动作：核心区收紧，慢速进行完整动作练习，充分体会动作轨迹。

（2）搬腿转体720°

①动作方法

一腿向前或向侧举起，由单手/双手抱住腿部平衡转体，在垂直轴上完成完整的720°转体（必须前脚掌撑地完成动作），以单腿或双腿站立姿态结束。

②辅助练习方法

第一，把杆踢腿：以难度起始姿态开始，左手扶把杆侧向站立，右腿踢至170°以上同时左脚立踵，连续重复完成。

第二，静控练习：手扶把杆或脱离把杆搬腿静控，支撑腿伸直。

三、过渡与连接动作学练

过渡与连接动作是一个部分的两个方面，过渡动作是从一个造型、状态、风格、位置转换到另一个形式的动作，用以连接成套中两个不同主题或段落，动作空间必须改变三大空间（地面空间为A、站立空间为B、腾空空间为C）。而连接动作是指连接两个不同内容的动作，该动作本身不允许空间变化。

（一）过渡动作

过渡动作根据动作空间的不同可分为站立至地面（B-A）、地面至站立（A-B）、站立至腾空至地面（B-C-A）。

1. 站立至地面（B-A）

（1）跳起成腹贴

①动作方法

站立姿态开始，两脚起跳，两手撑地后按照胸、腹、胯、腿的顺序依次落地；两腿分腿落地后，两手推地将上体立起。

②辅助练习方法

手倒立练习、两手撑地俯卧拉伸腰腹。

（2）正踢反转下

①动作方法

两脚并拢、提臀、收腹、挺胸、右手斜上举；左腿上步屈膝，重心后移，身体向右沿水平轴转体，右脚踢于水平面；两手按先右后左的顺序依次支撑地面；左脚蹬地发力，两腿腾空，交叉环绕延伸为一条直线；身体旋转，两手重心交替，两腿分开，左腿伸直，右腿弯曲，左手支撑地面，右手侧平举。

②辅助练习方法

倒立旋腿练习。

2. 地面至站立（A-B）

（1）单臂翻身起

①动作方法

右腿弯曲，右脚支撑于左膝处，右手前平举；右腿蹬地发力，左手支撑身体重心，左脚上提，右脚腾空；以左手支撑点为圆心，身体绕转；两腿上下分开呈垂直劈腿，左脚贴近支撑手支撑地面，旋转；左手推离地面，右脚并向左脚的同时上体快速立起。

②辅助练习方法

单腿蹬地顶髋、垂地劈腿。

（2）侧手翻旋腿起

①动作方法

坐姿开始，两手向后撑于体侧，挺胸抬头立腰；右腿摆动，左腿屈腿蹬地，侧手翻；侧手翻下时，右腿不落地，继续摆动，然后顶右肩，使左手离地；身体继续拧转，左脚踩地，再推右手转身体，换左手撑地，最后右腿踩地成侧弓步姿态。

②辅助练习方法

倒立旋腿练习、侧手翻。

3. 站立至腾空至地面（B-C-A）

（1）前挺翻身下
①动作方法
站立姿态开始，左腿蹬地，右腿上摆，同时两手上举，经前交叉向后摆动，身体向前做腾空翻转；左腿伸直，右腿弯曲成坐立姿态。
②辅助练习方法
前滚翻、前空翻，前手翻下地。

（2）旋风腿下地
①动作方法
站立开始，左脚向侧迈步，两手侧平举；右脚继续向侧迈步，右手上举，左手下举，呈一条直线；右脚用力蹬地，左腿吸起；右腿伸直并从右至左做盖腿动作；左脚踩地，左腿弯曲然后伸直落地，身体呈弓步姿态；翻转180°，呈坐立姿态。
②辅助练习方法
上步踢腿、盖腿。

（二）连接动作

连接动作是用来连接两个相同空间的。根据动作空间的不同可分为地面至地面（A-A）、站立至站立（B-B）和站立至腾空至站立（B-C-B）。

1. 地面至地面（A-A）

（1）前滚翻坐
①动作方法
两脚并拢，收腹，两手支撑地面，身体重心前移，左脚向前迈，后背提起；下颚内收，两臂弯曲，头部接触地，左脚发力蹬地，背部保持弯曲，两手保持触地；身体经颈后部、背、腰、臀依次向前翻滚；左腿伸直，右腿弯曲，背部保持直立，挺胸抬头，两手撑于体后。
②辅助练习方法
两手抱膝，背部弯曲，前后摇摆。

（2）风车

①动作方法

坐姿开始，两腿分开，左手撑在腹部左侧；身体下躺，右腿抬高，向斜下方扫腿，右腿、左腿以髋关节为圆心依次旋摆；左手臂至背部依次触地；两腿在空中旋转带动身体翻转，用肩部力量继续旋转到全身面向地面，此时变为右手撑地，重心从右肩和右大臂转移到左手；之后重复以上动作。

②辅助练习方法

风车摆腿、肘俯撑反转旋摆腿。

2. 站立至站立（B-B）

（1）侧手翻

①动作方法

由站立开始，两臂向前上方摆起，左腿前举向前跨出一大步成弓箭步；后腿向后上方摆起，同时上体下压，前腿蹬地摆起；左手在两脚延长线上，手掌外展90°撑地并带动肩、头、躯干左转90°，右手依次向前撑地经分腿倒立；接着左右手依次顶肩推手，一腿落地屈膝蹬直，另一腿侧伸落地，成两臂侧下举站立姿势。

②辅助练习方法

侧摆成手倒立练习、倒立分腿。

（2）后手翻

①动作方法

由并腿站立开始，两腿微微弯曲，两臂后摆；上体略前屈，身体后移至失去平衡的同时向前下方蹬腿，抬头，摆臂，挑胸，挑腰，两腿充分蹬直；身体后屈向后上方腾空后，两手内旋45°撑地，两腿纵向分开，顶肩、推手、立腰，两脚依次落地成弓步姿态。

②辅助练习方法

下腰、后手翻躺包甩臂练习，在他人保护帮助下做蹬腿甩臂成手倒立练习。

3. 站立至腾空至站立(B-C-B)

（1）鱼跃前滚翻

①动作方法

由站立姿势开始,左脚向前迈开一步,两臂向后摆,脚下保持左脚在前,身体前倾,两臂前摆;同时两脚蹬地,向前上方跃起;身体腾空时保持抬头、挺胸、紧腰、展髋,两臂向斜上45°展开,成反背弓姿势,接着两臂前伸撑地、屈臂、低头经后脑着地做前滚翻。

②辅助练习方法

两臂前摆远撑前滚翻、从高处(30～40厘米)向下做前滚翻。

（2）后空翻

①动作方法

站立姿态开始,下蹲向后摆臂,用力蹬地跳起的同时,两臂上举,梗头上顶;随即两臂制动,迅速屈膝、抱腿、翻臀进行翻转;当面部朝下的瞬间,放腿、立肩、紧髋、落地成站立姿势。

②辅助练习方法

借助单杠做悬垂屈腿卷腹练习,练习时两腿从两臂中间穿过,放腿松手落地。在他人的保护帮助下完成完整的后空翻。

四、同伴协作或配合学练

配合动作是指通过两人或多人相互协作,呈现出组合式的成套动作内容。在进行配合动作练习时,应遵循由易到难的原则。配合包括混双配合、三人配合和五人配合。

（一）混双配合

1. 动作方法

起始姿态(①号为女生、②号为男生):①号在左后方,面向一点方向,②号在右前方,面向①号而立;开始动作时,①号侧并步跳接转身反跨跳,当①号在空中做转身反跨跳时,②号左手接住①号的前腿,右手抱其腰,①号左手搂住②号颈部位;在配合过程中,②号抱住①号转体

180°；结束动作时，②号左臂向上发力，右臂控制①号重心缓慢放下，当②号放下①号时，①号左、右腿依次经体前向上摆动，身体后仰两手着地，成后软翻下至站立结束。

2. 辅助练习

①号可以先单独完成反跨跳；②号抱着①号转体180°，重复练习①号可以坐于与自身腰部位相同高度的辅助垫上，练习后软翻下。

(二)三人配合

1. 动作方法

起始姿态①号在左前，②号在左后，③号在右；①、②、③号都以站立姿态开始。开始动作时，①号转体180°助跑三步，②号左腿上步，两手经体前摆动至前平举，右腿跟上下蹲的同时两臂向后摆动，③号转体90°助跑三步，身体下压，两手撑向地面。配合过程中，②号后手翻叠腿，③号两腿向后依次蹬地，使胸部触地向前滑行，滑过②号的起跳点，①号两脚同时起跳鱼跃前滚翻跃过②、③号。结束动作时，③号经过②号后右腿跪地站起，②号等①号跃过后，两腿向前交叉，跪步站起，三者同时进行。

2. 辅助练习

①、②号先配合练习助跑起跳，③号在旁观察②号和①号的起跳位置和时间。配合过程中，①号单独完成鱼跃前滚翻，②号单独完成后手翻叠腿，③号单独完成滑行动作，③号滑行先配合②号练习起跳时间和滑行距离，③号再配合①号练习起跳时间和距离，最后①、②、③号同时完成动作。结束动作时，①、②、③号多加练习以上两个步骤，顺势发力。

(三)五人配合

1. 动作方法

起始姿态，①号在左前方，②号在左中方，③号在左后方，④号在中

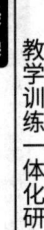

后方，⑤号在右后方位置，①、②、③号为纵队，③、④、⑤号为横排，面向一点方向站立姿态准备，①、②号为一组，④、⑤号为一组（两组动作相同、方向不同），③号单独动作。开始动作时，①、②号向后转体180°，同时④、⑤号向右转体90°。配合过程中，②、④号做正踢反转分腿前滚翻，同时①、⑤号做助跑鱼跃前滚翻，从②、④号正上方越过。③号则单独做一个踺子，五人同时完成动作。结束时，①号跪步站起，②号等①号跃过后跪步站起，④、⑤号与①、②号动作相同，③号踺子接转体180°姿态跳起落地。

2. 辅助练习

开始时先慢动作练习，熟悉后逐渐加快速度。配合时①、⑤号先单独完成鱼跃前滚翻，②、④号单独完成正踢反转分腿前滚翻，③号单独完成踺子；②号先完成动作，①号观察其撑手滚翻的位置，确定位置以后，①号再与其配合练习，④、⑤号与①、②号练习方法相同。结束时，③号先练习踺子起跳，不加转体，身体保持直立；后练习直体转体180°；最后练习姿态跳。五人动作稳定后，再进行集体配合练习。

第三节　高校健美操拓展项目技能学练指导

一、技巧啦啦操技能学练

技巧啦啦操以翻腾、抛接、托举、金字塔等为主要难度动作，以操化动作、过渡连接、口号、道具等为基本内容，是一种团队舞蹈运动，其集运动、激情、表演与难度为一体，能够充分体现大学生的青春与时尚。

下面介绍一个4×8拍的技巧啦啦操套路动作。

（一）第一个八拍

1-4拍，前：右腿单膝跪地，双手在体前交叉。底座：臀部触地，两腿伸直支撑住斜躺队员，双手扶地。尖子：直体后仰，内侧手臂握拳扶腰,外侧手臂上举,双手握拳,拳心向外。后:分腿开立,双手体前交叉。

5-6 拍,底座:屈膝。尖子:借助底座,用力蹬成直立。

7 拍,底座:两腿蹬直。

8 拍,前、后:两臂侧上举成高 V,点头。

(二)第二个八拍

1 拍,尖子:还原直立。底座:双脚屈膝触地。

2 拍,前:直立,两臂在胸前交叉,拳心向侧。后:右脚向前跨出一步,两臂胸前交叉,拳心向侧。尖子:身体向外转 180°,外侧腿前跨出一步成弓步,右手握住底座的右手。底座:屈腿交叉,右手握住尖子的右手,左手扶地。

3 拍,前:左脚后撤一步。后:左脚前迈一步。

4 拍,后、前:向前后并步成直立。尖子:把底座拉起。底座:双脚前后开立,上体直立,重心向前。

5-6 拍,前、后:外侧腿向后撤一步,重心向前,两臂于胸前击掌。底座、尖子:两臂于胸前击掌。

7 拍,三组队员屈臂,击掌。

8 拍,还原直立,同时面向 1 点。

(三)第三个八拍

1-2 拍,从左脚开始,进行 2 次踏步,两臂胸前击掌 1 次。
3-4 拍,下肢动作与 1-2 拍相同,两臂侧上举成高 V。
5-6 拍,与 1-2 拍完全相同。
7 拍,左脚踏步,两臂前平举,立拳,拳心相对,竖起拇指。
8 拍,并腿跳,成直立。

(四)第四个八拍

1-2 拍,直立。

3-4 拍,底座:内侧腿向侧边跨出一步成弓步,两膝、脚尖相对,前后靠紧。尖子、后点:两手在胸前击掌。

5拍,尖子:左脚踩在底座的大腿根部,两手扶于底座内侧肩部。底座(左):右手扶住尖子的膝盖。后点:双手扶住尖子的腰部。

6拍,尖子:直立,双脚踩在底座大腿根部。底座:内侧手抱紧尖子的膝盖。后点:将尖子向上托起。

7拍,尖子:双手握拳,在胸前平屈。底座:外侧手臂侧上举,拳心向下。

8拍,尖子:双臂侧上举,成高V。

二、动感Hip-Hop健身街舞技能学练

Hip-Hop健身街舞是年轻人的主要健身方式,也是很多健身俱乐部的主要课程内容。动感Hip-Hop健身街舞是Hip-Hop健身街舞的一种类型,它在Hip-Hop舞蹈中自由律动动作的基础上吸纳了现代劲舞和爵士舞的动作,具有多样化的风格。而且这类健身街舞的运动量较大,能够满足学生的健身需要,使学生达到健身目的。

下面介绍动感Hip-Hop健身街舞中一个8×8拍组合动作。这个组合动作从左脚开始,动作之间流畅连贯地衔接起来,能够将舞者的身体灵活性与协调性充分展现出来。

(一)第一个8拍

1拍,左脚向前一步,两腿弹性屈膝,两臂经屈臂向侧伸直(手半握拳)。

2拍,右脚并左脚,两臂侧下举。

3-4拍同1-2拍,左右脚相反。

5-6拍,左脚向侧一步,两腿屈膝,两脚提踵,脚跟左右转动一次。转成左腿伸直顶髋,右腿屈膝,同时两臂胸前屈,前臂向左绕环至左臂侧上举,右手扶左髋。

7-8拍,身体右转90°,右脚后退一步,左脚原地踏一步成左前弓步,同时,左臂前举,右臂上举。

（二）第二个 8 拍

1-3 拍，身体左转 180°，右脚开始后退走三步，两臂经侧屈肘自然摆动。

4 拍，左脚跳起，右腿经腿向前伸落成右前弓步，两臂屈肘自然摆动。

5-8 拍，同 1-4 拍，左右方向相反。

（三）第三个 8 拍

1-2 拍，右脚向前一步成前后开立，两腿屈膝弹性振动，同时两臂肩侧屈，上体含胸、挺胸两次。

3-4 拍，右脚跳起，左腿后屈，向右转体 360°，左脚侧落成两脚开立。两臂屈臂上举交叉（两手半握拳，拳心向前）。

5-6 拍，两脚并立—开立—并立跳，两臂屈臂上举交叉。

7-8 拍，右脚向侧一步，左脚并右脚，一拍一动，同时身体向右侧做侧波浪，左臂胸前屈，右臂屈肘侧摆。

（四）第四个 8 拍

1 拍，两脚弹动，左脚向侧一步，两臂经胸前平屈向侧伸直（两手半握拳）。

2 拍，两脚弹动右脚并左脚，身体左转 90°，同时两臂经胸前平屈，向下伸直。

3 拍，右腿屈膝抬起向前伸。

4 拍，左脚跳起，右腿后落成两脚前后开立，同时两臂经胸前平屈向前伸直前平举。

5 拍，上体向前波浪，两臂侧屈至头侧。

6 拍，右脚并左脚，两臂经体侧至下举。

7 拍，左腿屈膝抬起向前伸。

8 拍，左腿后落，身体左转 90°，两脚开立（背向）。

（五）第五个 8 拍

1 拍，两臂经肩侧屈向上伸至上举。
2 拍，两臂向下伸至下举。
3 拍，身体重心（简称重心）左移成左侧弓步，同时左肩上提。
4 拍，同 3 拍，左右方向相反。
5 拍，左脚向后一步，跳起成前后开立。
6 拍，身体左转 180°，右脚并左脚。
7 拍，两腿屈膝外张，同时肩部向前绕环。
8 拍，还原成直立。

（六）第六个 8 拍

1 拍，两脚弹动，左脚前点地，同时两臂经屈臂向前伸（两手半握拳）。
2 拍，左脚收回跳起，右腿屈膝抬起，同时两手触肩，低头。
3-4 拍，右—左—右脚小跳三次成直立。
5 拍，两脚弹动，左脚向侧一步，两臂经屈臂向侧伸。
6 拍，右脚并左脚，右臂上举，左臂下摆。
7 拍，左脚向侧一步，左顶髋，右腿屈膝，同时两臂胸前屈，左臂在下，右臂在上（两手半握拳，拳心相对）。
8 拍，左、右顶髋一次，两臂屈臂上下振动。

（七）第七个 8 拍

1 拍，两腿弹动，右脚左前点地，上体稍后仰，右臂胸前平屈。
2 拍，两腿弹动，右脚后点地，上体稍前倾，右臂伸至前举（两手半握拳）。
3 拍，右腿屈膝抬起。
4 拍，左脚跳起，右脚落下成开立。
5 拍，左脚向前一步跳起，右腿后屈，头左转。
6 拍，右脚落下成开立，头还原。

7拍,两臂上屈90°(拳心相对)。

8拍,上体右前屈,两臂体侧下屈。

(八)第八个8拍

1拍,两脚跳起成交叉(左脚在前),同时,两臂经胸前平屈向侧伸至侧举。

2拍,身体右转270°成开立。

3拍,两腿屈膝半蹲,上体前屈,右手前触地。

4拍,两腿伸直,上体立起稍右转,左臂上举,右臂下摆。

5拍,两腿并腿屈膝全蹲,上体前屈,右手前触地。

6拍,两脚跳起成开立,身体右转90°,左臂上举。

7拍,右脚并左脚,身体左转90°,左臂向侧落下,右臂经上举向前落下。

8拍,身体右转90°右脚向侧一步成开立,上体稍右转,左臂经胸前平屈向右侧伸直成右侧举(手型一指)。

三、瑜伽技能学练

(一)瘦身燃脂瑜伽学练

1. 舞王式

(1)学练方法

①两脚并立,身体正直,手臂下垂,视线对准正前方。

②右腿膝盖弯曲,右腿向后上方抬起,右手从侧后方用拇指、食指和中指将右脚大拇指抓住向后上方拉,感受右腿肌肉拉伸和收紧的感觉。

③右手臂在体后向上抬起与头齐平,右腿在体后抬至大腿平行地面,脚掌朝上,右手抓握脚踝继续拉伸右腿肌肉。左臂在体前伸展,与肩膀为同一高度。深呼吸,放松,身体重心保持稳定,保持10~15秒。

④右脚落地,两臂恢复落于体侧姿势。

⑤抬左脚做相同的练习。两侧交替。

(2)学练功效

对腿部肌肉进行拉伸,消耗身体多个部位的脂肪和能量,锻炼整个身体,同时能够促进身体柔韧性的提升。

2. 仰卧扭转放松式

(1)学练方法

①在垫子上呈仰卧姿势,双腿并在一起充分伸直,双手落在身体两侧的垫子上,手背朝上。吸气,左腿膝盖弯曲,臀部和背部始终贴在地上。

②呼气,右腿向上抬起并向右侧肩部方向用力下压,左手将右脚脚踝抓握住。注意右腿的膝关节不能弯曲,肩部也不能离开地面。

③吸气,左手抓住右脚脚踝施力使右腿落在身体左侧地面,左腿落地向身体右侧弯曲,用右手将左脚脚趾抓住,左大腿外侧尽可能不要离地,头转向右侧。呼气,然后均匀呼吸5~8次后还原。

④在身体另一侧继续练习。

(2)学练功效

①使踝关节更加灵活,膝关节更加柔韧,促进大腿后侧韧带的强化,燃烧腿部脂肪。

②使髋部更加灵活,使体侧胆经得到按摩,起疏通经络的作用。

③使脊椎更加舒展放松。

3. 骑马式

(1)学练方法

①跪姿,上身挺直,吸气,同时右腿屈膝向前迈一步,脚尖比膝盖更向前一些,两手手掌都放在右腿膝盖处。

②手臂向身体两侧垂直伸展,呼气,同时收紧臀部肌肉,身体下压,体会髋部被拉伸的感觉,并使手指尖尽可能与地面保持最近距离,保持,自然呼吸1次。

③再次呼气时,髋部向下压,收缩腹部肌肉,上体向后屈,颈椎充分拉伸,肩部和胸部充分打开,指尖贴地,保持,自然呼吸3次。

④吸气,手掌撑腰,身体慢慢还原,右腿收回,恢复跪立姿势。呼气,

同时向前俯身,额头贴地,臀部落在脚跟上,放松休息。

⑤另一侧腿继续练习。

(2)学练功效

①使腿部、腹部肌肉得到充分拉伸,减少这些部位的脂肪,塑造良好的腿部和腹部线条。

②促进腰腹部和腿部肌肉力量的增强,并使身体平衡能力更强。

③促进盆腔血液循环,改善盆腔内生殖器官的功能。

4. 天线式

(1)学练方法

①跪坐,臀部落在脚上,上体挺直,双手合掌置于胸前。

②吸气,手臂向身体两侧伸展打开,同时头向后仰,颈部放松,呼吸均匀自然。

③头渐渐还原,双手在体后十指交叉。

④俯身向前,额头慢慢贴地,手臂在背后充分伸直并使指尖朝上,呼吸均匀自然。坚持片刻。

⑤再吸气,身体渐渐还原,调整呼吸,放松身心。

(2)学练功效

锻炼肩部、手臂肌肉,减少手臂多余脂肪。

5. 幻椅式

(1)学练方法

①两脚开立(距离约同肩宽),手臂垂于身体两侧,身体挺直,收腹,放松肩膀。呼吸自然均匀。

②吸气,手臂举起向上伸展,仰头;呼气,肩放松,尾骨收紧,脊椎伸展,脚跟抬起,保持,自然呼吸2次。

③再次呼气,有意识地将腰腹部与臀部肌肉收紧,屈膝,想象身后有一把椅子,臀部向后坐,脊椎继续向上、向前延伸,保持,自然呼吸5~8次。

(2)学练功效

①使背部、臀部和大腿的肌肉变得更加强健。

②塑造良好的手臂线条。

③使溜肩、驼背等不良体态得到纠正。

④使骨盆区域积聚更多的能量,促进骨盆健康。

6. 坐山式

（1）学练方法

①莲花坐姿，双手在体前十指交叉，手背朝外，吸气，手臂上抬到与胸齐平的高度。

②呼气，双手继续十指交叉向上伸展举过头顶，手臂充分伸直，手背朝下。

③吸气，头缓缓低下，下颌与锁骨贴近，腰背挺直。

④双腿位置交换，重复练习。

（2）学练功效

①使背部、肩部肌肉得到充分伸展与锻炼，减少手臂的多余脂肪，塑造良好的手臂曲线。

②燃烧侧面脂肪。

④减轻肩背部酸痛症状。

7. 下蹲美背式

（1）学练方法

①两脚并立，稍屈膝，手臂置于体侧，腰背挺直。

②手臂在体侧平举，高度与肩齐平，背部向前推。

③双臂移向背后双手合十，指尖朝上。

④抬头向后仰，颈部伸展，背部肌肉充分舒展。

⑤双臂在体后向下伸直，收紧肩部、背部肌肉。

⑥逐渐还原，重复练习。

（2）学练功效

使背部肌肉通过收缩变得更加紧致，消除背部赘肉，打造更加健康优美的背部线条。

8. 蝗虫式

（1）学练方法

①俯卧姿势，腿并拢，双手在体侧，手背朝上。

②绷紧手臂肌肉，抬起两腿，两腿始终不分开，也不能屈膝。体会臀部肌肉收紧的感觉，保持5秒。

③吸气，同时向上向后伸展头颈部和手臂。

④呼气,两腿落地,头还原。

⑤休息5秒,重复练习。

(2)学练功效

使背部肌肉得到充分锻炼,对背部神经元进行改善,使背部肌肉线条更加优美。

9. 蝗虫变形式

(1)学练方法

①俯卧姿势,手臂在身体两侧,手背朝下,腿并拢且伸展,脚掌朝上。额头贴地,身体放松,均匀呼吸。

②吸气,同时抬头,肩膀和胸部抬起离开地面,呼气。

③吸气,手臂向前向上伸展,上身尽力抬高,体会腰腹部肌肉收紧的感觉,腹部有意识地控制上体。呼气,保持片刻。

④再吸气,同时两腿向上提起,尽可能向后延伸,臀部肌肉收紧,此时可以稍微分开两腿,以减轻上体承重的压力,控制好身体平衡。保持5秒,还原。

(2)学练功效

①使背部肌肉群更加强健,缓解背部不适症状(僵硬、疼痛等)。

②有效伸展胸腹部、肩部和背部,美化这些部位的曲线。

③缓解身体压力,促进睡眠。

10. 三角扣手式

(1)学练方法

①两腿开立,脚间距离约为两个肩宽距离,右脚跟向右侧转90°,吸气,右腿屈膝,手臂在体侧充分打开伸展,目光注视右前方。

②呼气,向右侧俯身弯腰,直至右手手指点地,右膝前推,左手臂向上拉伸。

③吸气,右侧手臂屈肘穿过右腿,将右手置于右腿大腿外侧,左臂继续拉伸,目视左手指尖。

④吸气,左手收回在背后将右手腕握住,颈椎充分拉伸,打开肩膀,保持,自然呼吸3~5次后还原。

(2)学练功效

①使腿部肌肉尤其是大腿内侧肌肉得到锻炼,变得更加强壮。

②消除腰侧和臀部多余的脂肪。
③扭转动作使脊柱获得更多的血液,从而改善灵活性。
④消除腰背部的不适感和疲劳感。
⑤对关节疼痛和坐骨神经痛有一定的缓解作用。

11. 弯腰变形式

(1)学练方法

①盘坐姿势,上体挺直,手臂放在体侧,手背朝外,指尖向下。

②吸气,挺胸,手臂上屈置于头顶,十指相扣压头,肘部打开,不要刻意耸肩。

③呼气,同时上体向右侧往下压至自己的极限程度,使右肘尽可能与地面保持最近距离,体会身体左侧肌肉的拉伸感,保持,均匀呼吸。

④吸气,同时身体还原,休息片刻后换另一侧练习。

(2)学练功效

①使颈部、臂部和体侧肌肉得到锻炼,使手臂和腰部线条更加优美、肩颈线条更加流畅。

②促进肩关节的舒展和放松,缓解肩周炎症状。

③促进血液循环,提高健康水平。

12. 变形风吹树式

(1)学练方法

①两脚开立,屈臂在头后双手合十,手指朝上,肩胛骨向脊柱方向推动,肘部尽可能向后拉伸。

②双手合十平行向左侧移动,体会身体两侧肌肉和胸部肌肉的拉伸感。

③双手向右侧移动,然后向右向上充分伸展,手掌贴紧,同时头向右侧屈,体会腹部肌肉拉伸的感觉。保持片刻,两侧交替练习。

(2)学练功效

①充分锻炼腰部肌肉,消除腰腹部多余脂肪,使腰部曲线更加健康、优美。

②缓解脊柱不适,对脊柱不正的形态有矫正作用。

13. 美腿式

（1）学练方法

①坐姿，上体挺直，左腿屈膝，小腿贴地，右腿向后伸直，双手自然地放在体侧，保持30秒。

②吸气，右侧小腿抬起，膝盖贴地，右手反抓右脚踝，左腿脚掌着地撑起，膝关节几乎呈直角。呼气，左臂向前拉伸，身体平衡，保持这一姿势，均匀呼吸6次。

③放松手臂，右侧小腿落地还原，左腿着地折叠，小腿在体后靠近臀部，膝盖向前，右手将左脚握住，右手放在体前，用右手手掌着地支撑身体，保持20秒。

④平坐，两腿并拢充分向前伸直，俯身低头，使头落在两腿间，背部充分伸展，双手将双脚握住，保持20秒后还原。

（2）学练功效

使腿部肌肉得到有效拉伸，多余脂肪得以消除，腿部变得紧实、有力，并塑造细长的腿型。

14. 牵引腿肚式

（1）学练方法

①仰卧姿势，腿伸直，双手放在体侧，闭目放松。
②双脚抬起伸展，直至垂直地面。
③脚尖回勾，拉伸小腿内侧肌肉，保持20秒。
④脚尖还原，小腿肌肉放松，保持20秒。
⑤重复5～10次后腿落地调息。

（2）学练功效

①消除小腿多余的脂肪，使小腿肚的线条被拉长。
②对腹部和大腿部也有燃脂减肥功效。

15. 踩单车式

（1）学练方法

①平躺姿势，两腿并拢伸直，双手置于体侧，闭目放松，均匀呼吸。
②两腿向上充分伸展，保持与地面垂直，上身放松。
③双腿交替运动，像骑自行车一样。先正方向蹬12次，再反方向蹬，

呼吸均匀,不要憋气。

（2）学练功效

消除大腿的多余脂肪,促进大腿血液流动,塑造良好的腿型。

(二)瑜伽组合动作学练

1. 韦氏努式组合

韦氏努式组合的练习内容如图 7-37 所示。

韦史努式 → 侧卧举单腿 → 侧卧举双腿 → 肘撑侧斜板式 → 鱼戏式放松

图 7-37　韦氏努式组合

（1）韦氏努式

①准备姿势:侧卧姿势,左臂屈肘至大小臂垂直,小臂和肘撑地,右手放在体前,手掌撑地。

②吸气,右腿向上抬起,右脚向上勾,脚掌朝上,体会左侧腰部肌肉收紧的感觉。

③呼气,脚尖绷紧,有控制地将右腿放下,重复 5 次。最后一次腿抬起后用右手抓握右脚,依然保持侧躺,防止从侧躺变成平躺(也就是右侧臀部不能着地),此时左臂肘关节一定要支撑住身体重心。保持这一姿势,做深长呼吸 4 次。

（2）侧卧举单腿

①呼气,右腿屈膝折叠,右侧小腿跨过左侧大腿,右脚置于身体前方。

②吸气,右腿伸展向上抬,体会右大腿内侧肌肉收紧的感觉。

③呼气,右腿落下屈膝,回到①,重复 4 次,最后一次右腿抬起后勾右脚,保持,自然呼吸 3 次。

④呼气,右腿落下。

（3）侧卧举双腿

①侧卧姿势保持不变,两腿并拢并充分伸直。

②吸气,同时向上抬起两腿,体会左侧腰部肌肉收紧的感觉。

③呼气,两腿落下,重复4次,最后一次两腿抬起后保持不动,呼吸3次。

④呼气,两腿落下。

(4)肘撑侧斜板式

①左侧肘部支撑重心,右腿屈膝跨过左腿置于体前。

②吸气,向上提髋,左侧腰部肌肉收紧,举起右手充分伸展,目视右手指尖,深长呼吸3次。

③呼气,右手收回继续放在体前,髋收回,左臂伸直。

(5)鱼戏式放松

①从侧躺变为平躺,臀部提起,将双手放在臀下支撑臀部。

②吸气,向上挺胸,头向上向后抬至最大幅度,自然呼吸5次。

③呼气,还原平躺姿势,放松休息。

反方向重复以上各式。

该组合练习功效:

第一,缓解背痛。

第二,促进骨盆血液循环,促进身体健康发展。

第三,对臀部、腰腹部和大腿部有燃脂瘦身的功效,塑造健康优美的线条。

第四,缓解身心疲劳和压力,促进免疫力的提升。

2. 战士式组合

(1)战士第二式

①两脚开立,脚间距约为肩宽的两倍。

②吸气,双手侧平举,手背朝上,左脚从脚尖开始向左旋转,上体顺势左转至髋关节正对前方,右脚脚尖内收,左臂由体侧平举变为体前平举,目视左手。

③呼气,左腿屈膝至大小腿垂直,膝盖不超过脚尖,上体挺直,右腿在体后蹬直,自然呼吸4次。

(2)战士扭转式

①腿的姿势不变,双手在胸前合十。

②深吸气,然后呼气的同时身体向前俯身弯腰,并向左后方转动,右肘贴着左大腿外侧,左右手臂的小臂保持在一条直线上,目视上方。呼吸5次,自然均匀地呼吸。

（3）广角式

①腿的姿势不变,向右转动上体,双手在胯下握住。向右侧转动胸部,目视上方,保持这一姿势,均匀呼吸4次。

②呼气,向左转体,左小臂放在左侧膝部支撑,右手经体后划圆至前上方充分伸展,均匀呼吸3次。

（4）半月拉弓式

①左手向下伸展,手掌触地支撑,右腿缓缓抬起屈膝90°,左腿支撑身体重心,右手向上伸直将右脚踝握住。保持这一姿势,呼吸5次。

②呼气时,慢慢放下右腿,以雷电坐作为最后的休息放松姿势。

反方向做上述动作。

该组合练习功效：

第一,促进腿部肌肉力量的增强,使腿部肌肉更加紧致,塑造良好的肌肉线条。

第二,促进背部肌肉弹性的增强。

第三,培养注意力和敏锐的思维能力。

第四,促进血液循环,加快新陈代谢,快速排出体内废气。

3. 鸽子式组合

鸽子式组合练习内容如图7-38所示。

图7-38 鸽子式组合

（1）鸽子飞翔式

①雷电坐姿,双手放在膝盖上。

②左腿向后伸展,臀部坐在右侧小腿上,腰背挺直。

③吸气,双手在体侧平举。

④呼气,上体向后仰,目视上方,深长呼吸4次。

⑤吸气,上体直立。

⑥呼气,双手还原放在膝盖上。

（2）鸽子斜拉式

臀部坐在地上，左腿屈膝折叠，使小腿伸向髋部后面，右手从体后将左脚踝抓住，左手置于左膝处。目视右上方。均匀呼吸5次。

（3）鸽子式

①左臂环绕左小腿，两手在体前相扣，深长呼吸4次。

②呼气，手臂放松。

（4）鸽子扭转式

①右腿向后伸展，双手胸前合十。

②吸气，后背挺直。

③呼气，向右后方转体，左肘靠在右腿外侧，均匀呼吸3次。

④吸气，上体直立。

⑤呼气，双手放下，右腿向前屈膝恢复到雷电坐准备姿势。

反方向重复上述动作。

该组合练习功效：

第一，消除大腿和腰部的赘肉，促进腰部柔韧性的增强，塑造良好的腰部线条。

第二，改善手臂形态，美化线条。

第三，增强腿部肌肉力量。

第四，促进脊柱弹性和髋关节灵活性的增加。

第五，促进循环系统机能的改善，对腹部器官起到按摩作用，促进腹部活动功能的增强。

（三）趣味双人瑜伽

双人瑜伽由两个人共同练习，相互动作和呼吸保持协调，二人同心协力，达到良好的健身效果。共同练习的二人要向对方提供助力和能量，默契配合，加强交流互动，及时分享，共同设计有趣的双人瑜伽动作，增加练习的趣味性和实效性。

1. 双人半脊柱扭转式

（1）练习方法

①面对面坐，左腿屈膝，右腿伸直，右手相握。

②吸气时，左手绕至体后，彼此双手交叉相握，感受脊柱的延伸，双

眼看着对方。

③呼气时,身体缓缓转向左后方,目视左后方,自然呼吸5次。

④呼气时,慢慢还原。

⑤交换位置做反方向练习。

(2)主要作用

①增加脊柱的柔韧性。

②促进腿部、背部肌肉的增强,缓解腰部和背部的疼痛。

③双臂拉力按摩彼此肩背。

2. 背部伸展与鱼式组合

(1)练习方法

①背靠背长坐姿,做鱼式的一方双腿屈膝。

②吸气时,两人双手臂向上抬起至耳侧。

③呼气时,两人始终后背紧贴,做背部伸展式的一方上体向前屈,鱼式一方躺在其后背上,抬头挺胸,臀部夹紧,保持呼吸5次。

④吸气时,双人后背紧贴,还原至开始姿势。

(2)主要作用

①促进消化系统功能的改善和脏器健康。

②扩展胸部,提高深呼吸能力。

③扩展背部,放松肩颈,缓解疲劳。

3. 双人V形式

(1)练习方法

①坐姿,屈膝,收紧腹部,后背挺直,彼此双手相握。

②吸气时,单腿脚心相对,脚背绷直,慢慢伸直膝盖。

③再次吸气时,另一侧腿缓缓伸直,保持5次均匀呼吸。

④呼气时,单腿落下,还原准备姿势。

重复2次。

(2)主要作用

①促进腹肌的强壮和腹部多余脂肪的消除。

②促进肠胃消化,改善消化系统功能。

③塑造良好的臀部肌肉线条。

4. 双人舞王式

（1）练习方法

①面对面站好，伸出一侧手臂，双手相握为支撑点。

②双人分别做舞王式。吸气时，握住伸出手臂的异侧腿脚踝。

③再次吸气时，向后向上伸展腿。双人合作找到平衡点，保持身体稳定。保持5次均匀呼吸。

④呼气时，腿落地，手放下。

⑤双人交换方向继续练习。

（2）主要作用

①使肩胛骨得到锻炼，胸部得到扩张。

②促进腿和脚踝的强健。

③促进脊柱血液循环。

④改善身体平衡性。

5. 双人幻椅式

（1）练习方法

①背靠背站立，两脚开立同肩宽，脚尖向前。

②吸气时，双臂交叉，双手握拳，脊柱向上延伸。

③呼气时，慢慢蹲下，背部伸直，大腿平行地面，保持自然呼吸5次。

④吸气时，腿慢慢伸直。

（2）主要作用

①强健腿部肌肉，改善身体的平衡性。

②对不良体式有矫正作用。

③按摩心脏，促进脏器健康。

6. 蛇式与幻椅式组合

（1）练习方法

①一人俯卧，另一人两腿分开，站在其后方。

②呼气时，站立者屈膝，身体前倾，将同伴双手握住。

③吸气时，站立者牵拉同伴手臂，俯卧者成蛇式，站立者成幻椅式。自然呼吸5次。

（2）主要作用

①强健腿部肌肉,改善身体的平衡性。

②对不良体式有矫正作用。

③练习蛇式的一方可以使脊柱更加柔软。

学练上述双人瑜伽时,以下几点需要注意。

第一,共同练习的两人应该身高相当,瑜伽水平接近。

第二,高难度和造型好看的动作要视情况去完成,能力达不到或有危险时不建议尝试。难度和造型都不是最重要的。

第三,练习过程中相互交流,保证双方将同一动作做到相近的程度。

第四,每个人的动作、呼吸要协调,两人之间的动作和呼吸也要协调。每个人完成动作不仅要考虑自己是否舒适,还要考虑是否给另一方带来了不适,不能以个人动作为主,如果对方感觉不适或达不到一样的动作程度,就要及时沟通和协调,并对动作位置、力量进行调整,一定要确保相互的顺利配合和良好适应。

第五,不能只追求趣味性而忽视实效,经过练习要达到实实在在的效果,如缓解压力、愉悦身心等。

（四）瑜伽技能学练的呼吸与调息方法

1. 呼吸

在瑜伽健身练习中,练习者的吸气时间、呼气时间及二者之间的屏气时间应该有意识地延长。吸气是对宇宙能量的吸收,呼气是将一些杂乱的思绪及体内的浊气消散和排出,屏气是使吸收的宇宙能量活化。吸气、屏气、呼气一气呵成,能够使身心进入安定、静谧的状态。

呼吸是生命的基础,瑜伽呼吸是瑜伽的精髓,对人体健康的意义重大。在瑜伽运动中,呼吸伴随着横膈膜的上下运动和胸腹部肌肉的收缩运动,通过呼吸,可以按摩人体内脏器官,尤其是胸腔和腹内器官,同时也能排出体内的废物和浊气,使身体内环境从内而外得到充分的净化。

在瑜伽呼吸练习中,通过吸气使大量氧气进入体内,对机体血液循环能够起到促进作用,呼气能够分解与排出体内废物。不断的吸气和呼气能够使肺部机能得到锻炼,使呼吸系统功能得到改善,促进呼吸机能的提升和呼吸系统免疫力的增强。

瑜伽呼吸的节奏并不是一成不变的,呼吸节奏需根据练习内容的变化而调整,通过对呼吸节奏进行调整,能够使交感神经系统和副交感神经的平衡得到相应的调节。进行瑜伽练习时有时需要做深呼吸,这有助于使身体得到放松,消除烦躁不安的情绪,使情绪得到合理的调控,保持稳定。性格急躁的人适合通过瑜伽呼吸练习来改善性格。

总之,瑜伽呼吸至关重要,能够按摩内脏器官,使生理腺体的分泌趋于良性,将身体的潜在能量激活,对身体内外的浊气、杂质加以清理,保持身心洁净,这又能够为提升精神修养和开发灵性奠定良好的基础。

瑜伽的呼吸方式主要包括肩式呼吸、胸式呼吸、腹式呼吸和完全呼吸。初学者适合采用前两种呼吸方式,这样比较容易使身体和心理更加放松,避免身体与精神处于不自然的紧张状态,有了一定的基础之后,再慢慢向腹式呼吸过渡。完全呼吸要在掌握前面几种呼吸方式之后再学习和使用。不同瑜伽练习者的个人情况各不相同,所以呼吸方式也没有严格的标准,不要强迫自己使用某种呼吸方式,呼吸状态要保持自然,与身体练习相协调,使身心处于舒适、平静的自然状态即可。

下面简单介绍四种常见呼吸方式。

(1) 肩式呼吸

站立或端坐在垫子上,两手置于锁骨处,用鼻吸气,持续缓慢完成,吸气的同时慢慢耸肩、收腹,感觉空气已经充满胸腔时,再用鼻呼气,缓慢且深长。

(2) 胸式呼吸

站立或端坐在垫子上,用鼻吸气,缓慢且深长,腹部处于自然静止状态时,胸腔缓慢扩张到最大程度,感觉胸腔中已充满氧气,然后呼气,深长一些,呼气的同时肋骨向下并内收。

(3) 腹式呼吸

使用腹式呼吸方式可以将肺部功能充分发挥出来,促进肺活量的增加和心脏功能的增强,同时也能使消化系统运行的动力增加,有利于释放肠道淤积物质,将霉素排出体外。腹式呼吸是胎儿时期和婴幼儿时期的主要呼吸方式,长大后就主要采用胸式呼吸法了。

在瑜伽练习中采用腹式呼吸法时,方法为挺尸式,两手放在腹部,缓慢吸气,感受腹部扩张,像气球般被气体充满,横膈膜向下运动,气体被更大的容积承载,然后缓缓深呼气,这时腹部像气球泄气一样收缩,横膈膜向上运动,气体的承载空间被压缩,尽可能排放体内滞留的气体。

在瑜伽练习中采用腹式呼吸时,姿势不受限制,站姿、坐姿、仰卧姿、走姿都可以。腹式呼吸对人体新陈代谢有帮助,能促进人体摄氧量的增加。长期进行腹式呼吸练习,能够将身体内的废料及时排除,将更多的能量存储在体内,促进身体健康。在瑜伽体式练习中,随着不断的熟练,可以多使用腹式呼吸法,并在生活中也将此方式作为呼吸的主要方式。

(4)完全呼吸

完全呼吸需要将上述三种呼吸方式结合来完成,整个呼吸过程同样包括吸气、呼气以及二者之间的屏气。采用完全呼吸法,可以将身体各个部位都调动起来去摄取氧气,从而为循环系统的顺利运作供应充足的氧气,促进血液循环,保持心脏有节奏的跳动,并使氧气通过血液的输送到达身体细胞,通过深呼吸排除体内的毒素和废料,再加上汗液的释放,体内酸性物质将会大量排出。

完全呼吸的具体方法为:用腹式呼吸的方式先吸气,要求缓慢、轻柔,然后向胸式呼吸平滑过渡,再向肩式呼吸平滑过渡,感觉身体处于舒适状态时屏气,然后呼气,缓慢且深长,呼气的同时依次放松肩膀、胸部、腹部,最后腹部尽量收缩、压缩,将体内空气尽可能排干净,如此反复练习。

2. 调息

调息,也称为呼吸控制,意思是控制和延续呼吸。在瑜伽练习中进行调息,能够更好地控制机体的生命能量,安抚神经系统,使神经系统的活动平静下来,帮助我们更好地集中注意力,这样大脑和身体都会感到宁静而广阔,机体内潜在的精神能量将会被充分唤醒。

调息方法非常多,下面主要介绍8种对人体有益的调息方式。如图7-39所示。

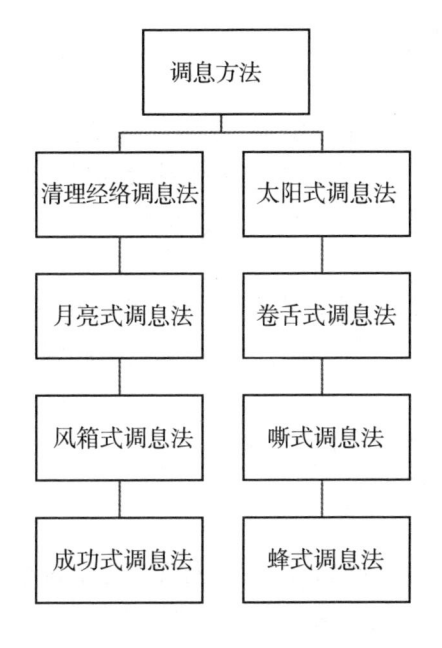

```
                    ┌──────────┐
                    │ 调息方法 │
                    └────┬─────┘
              ┌──────────┴──────────┐
        ┌──────────┐           ┌──────────┐
        │清理经络调息法│           │太阳式调息法│
        └─────┬────┘           └─────┬────┘
        ┌──────────┐           ┌──────────┐
        │月亮式调息法│           │卷舌式调息法│
        └─────┬────┘           └─────┬────┘
        ┌──────────┐           ┌──────────┐
        │风箱式调息法│           │嘶式调息法│
        └─────┬────┘           └─────┬────┘
        ┌──────────┐           ┌──────────┐
        │成功式调息法│           │蜂式调息法│
        └──────────┘           └──────────┘
```

图 7-39　调息方法

（1）清理经络调息法

①练习方法

坐在垫上，调整至舒适姿势，右手食指和中指收拢，无名指将左臂道封堵，右鼻孔先吸气、屏气，然后拇指将右鼻孔封堵，使气从左鼻孔呼出，接着左鼻孔吸气、屏气，同样用拇指将左鼻孔封堵，使气从右鼻孔呼出，再次以右鼻孔吸气，左鼻孔呼气。至此完成了一轮调息。

②主要作用

一般在正式进行瑜伽体式练习之前采用这一调息法，主要是为了将身体的脉络清洁。清洁法也可以达到同样的功效，但难以将所有脉络都清洁，而采用清理脉络调息法可以达到此目的。要完全净化全部经脉，就要通过右经和左经的交替来进行这一调息法的练习，但所用时间稍长。

③注意事项

初步练习时，均匀呼吸，可以暂时不屏气，自己感到舒适即可。熟练后加入屏气，并延长呼气时间。

（2）太阳式调息法

①练习方法

坐在垫上，调整至舒适姿势，身体挺直，闭目放松，头正直面向前方。右鼻孔吸气，右手无名指将左鼻孔封堵，屏气，然后拇指将右鼻孔封堵，气从左鼻孔呼出，至此完成了一轮调息。

②主要作用

这一调息法可以增强交感神经功能，使副交感神经的功能减弱，使右经脉能量得到激发，从而对消化和新陈代谢起到积极的促进作用。

③注意事项

生理期的女生不适合做此练习。

（3）月亮式调息法

①练习方法

坐在垫上，调整至舒适姿势，身体挺直，闭目放松，头正直面向前方。右手拇指将右鼻孔封堵，左鼻孔吸气，保持（屏气），然后用无名指将左鼻孔封堵，使气从右鼻孔呼出，至此完成了一轮调息。

②主要作用

这一调息法可以增强副交感神经功能，使交感神经的功能减弱，从而使情绪平稳、心境缓和，使紧张状态得到缓解，对失眠者非常有益。

③注意事项

失眠者适合采用这一调息法。不适宜人群有抑郁症患者，另外，女生在生理期练习此法时不要屏气，只要吸气和呼气即可。

（4）卷舌式调息法

①练习方法

坐在垫上，调整至舒适姿势，智慧手印，嘴巴张开形状像"O"，舌头两侧向内向上卷。卷舌伸出嘴巴，完全吸气，发出"S"的延长音，像从吸管中吸入气流一样，使肺部充满气体，然后舌头收回口腔内，嘴唇合拢。低头，下巴靠在锁骨中间，屏气，同时做会阴收束法。鼻腔缓慢将气体呼出，发出"ham"音。

以上为一轮，反复5~10轮后，平躺休息。

②主要作用

卷舌式调息法可以使五官更加舒适，能够对消化系统功能起到改善作用。该调息法还能使肝脾得到调理，使"暴脾气"的人控制情绪，少发火或不发火。

③注意事项

初学这一调息法时,先不加入屏气。卷舌式调息法不适合体寒者、生理期女生练习。

(5)风箱式调息法

①练习方法

坐在垫上,调整至舒适姿势,身体挺直,全身放松,保持自然呼吸。两个鼻孔有力呼吸,连续呼吸10次,然后两侧鼻孔吸气,屏气,做收颌收束法,头抬起来,气从两个鼻孔呼出,至此完成一轮调息。连续做几轮后平躺放松。随着不断的熟练,呼吸速度可逐渐加快,但要保持一定的节奏和韵律。

②主要作用

练习过程中会有类似风箱的声音发出,原因是鼻子有力地吸气和呼气,使气体进入肺部再流出,如同铁匠拉风箱。铁匠的风箱可以使空气流动更快,从而使热量不断增加。瑜伽的这一调息法可以使更多的空气在体内流动,连续不断地呼吸就会带来更多的热量。

③注意事项

女生在特殊时期(主要是生理期)不能做此练习。

(6)嘶式调息法

有的人无法卷舌,所以不能做卷舌式调息,这时可以用嘶式调息进行练习,主要就是用从上下两排齿缝间吸气代替卷舌吸气。

①练习方法

坐在垫上,调整至舒适姿势,身体挺直,头部正直,闭目放松。嘴巴张开,上下唇分开将牙齿露出,舌头抵住下排牙齿,舌尖卷起与下齿紧贴,通过舌头缓慢吸气,发出"SiSi"声,气即将吸尽时,舌头还原,嘴唇闭上,此为一轮。反复练习几轮后,平躺放松。随着不断的熟练动作,可加入屏气,并做收颌收束。

②主要作用

练习过程中也会有类似风箱的声音发出,嘴巴有力地吸气和呼气,使气体进入肺部再流出。瑜伽的这一调息法可以使更多的空气在体内流动,连续不断地呼吸就会带来更多的热量。

③注意事项

女生生理期不能做此练习。

（7）成功式调息法

成功式调息法是瑜伽呼吸的基本技巧之一，也是运用最广的呼吸控制法之一。

①练习方法

坐在垫上，调整至舒适姿势，身体挺直，头部正直，闭目放松。两侧鼻孔同时吸气（会厌半开半闭），发出"Sooo"声，保持（屏气），然后鼻孔同时呼气，发出"Hammm"声。此为一轮。以稳定的节奏连续练习8～10轮，然后平躺放松。然后随着不断的熟练，延长呼气时间，大约是吸气时间的2倍。熟悉上述练习方法后，也可以两侧鼻孔同时吸气，但只用左鼻孔呼气，这种练习方式适合在空腹时采用。

②主要作用

成功式调息法能够使身体内环境得到净化，使能量通道保持清洁，并在外部控制的条件下将协调能量激活，从而使身体保持放松状态，也能使身体的疼痛感减弱。对失眠、喉咙痛的学生而言还具有治疗疾病的功效。此外，这一呼吸练习也能对呼吸频率进行调节，促进呼吸通畅和头脑清醒。

③注意事项

第一，面部尽可能放松，腹部不要突出来。

第二，会厌半开半闭，这时面部肌肉不要收缩。

第三，自然用力呼气即可，不需要过分用力，两侧声音保持一致。

第四，刚开始尝试这一呼吸练习法的人可以不加入屏息，并将收颔收束法融入其中一起练习。

第五，女生在生理期练习时需减少屏息时间或完全不屏息。

（8）蜂式调息法

①练习方法

坐在垫上，调整至舒适姿势，身体挺直，头部正直，闭目放松。均匀自然地呼吸。手臂举起，两手食指分别将左右耳朵堵塞，此时会听到嗡嗡的声音，像蜜蜂在耳边飞来飞，全神贯注感受这种颤动的声音。用鼻吸气，保持（屏息），呼气（缓慢一些），"嗡嗡"声从鼻腔发出，此为一轮。连续进行几轮练习后平躺放松。

②主要作用

这种调息练习法能够缓解焦虑情绪和失眠症状。

③注意事项

这一呼吸练习法不适合以仰卧姿势完成,也不适合耳部有病症的人练习。

参考文献

[1] 王操惠.高校健美操文化与训练实践研究[M].北京：北京出版社,2021.

[2] 康丹丹.高校健美操教学与创新研究[M].北京：北京工业大学出版社,2019.

[3] 陆丹华.新形势下高校健美操创新发展研究[M].长春：吉林人民出版社,2020.

[4] 马超,寿旻超.高校健美操教学训练一体化模式及其应用的研究[M].延吉：延边大学出版社,2020.

[5] 李孟华.高校健美操运动与教学研究[M].北京：北京工业大学出版社,2018.

[6] 赵晨子.高校健美操训练的理论与实践[M].北京：北京理工大学出版社,2017.

[7] 王晶.新形势下高校健美操中教与练的研究[M].长春：吉林大学出版社,2018.

[8] 贺改芹.健美操教学与训练[M].兰州：甘肃人民出版社,2003.

[9] 李少芳,朱艳.健美操的有效教学与系统训练研究[M].北京：九州出版社,2017.

[10] 黄文杰,刘畅.健美操教程[M].北京：北京大学出版社,2014.

[11] 李华.高校健美操[M].沈阳：辽宁大学出版社,2007.

[12] 向菲菲.高校健美操训练与教学研究[M].沈阳：辽宁大学出版社,2023.

[13] 张润红.高校健美操教学理论与实践[M].长春：吉林人民出版社,2023.

[14] 郑柏香.高校健美操的教学与训练[M].北京：电子工业出版社,2019.

[15] 柳孟利.高校健美操运动高质量创新发展研究[M].北京：中国

纺织出版社,2022.

[16] 宋璐璐.街舞[M].天津:天津人民美术出版社,2018.

[17] 花楠.啦啦操运动教程[M].北京:现代出版社,2019.

[18] 杨巧静,李逸群.啦啦操运动教程[M].北京:人民体育出版社,2020.

[19] 杨放.啦啦操运动理论与实践[M].桂林:广西师范大学出版社,2012.

[20] 于洪波,李静.瑜伽健身[M].大连:东北财经大学出版社,2013.

[21] 朱恺琳.学校瑜伽教程[M].广州:广东高等教育出版社,2012.

[22] 李少波.大学瑜伽教程[M].成都:四川大学出版社,2020.

[23] 马驰."体教结合"与"学训结合"的理论探索[J].当代体育科技,2013,3(19):148-149.

[24] 沙菲.体能训练在健美操教学中的应用[J].当代体育科技,2023,13(7):52-55.

[25] 郭法.体能训练在健美操教学中的应用研究[J].当代体育科技,2020,10(7):57,61.

[26] 付贝贝.高校健美操教学和训练中的形体训练应用研究[J].当代体育科技,2023,13(17):43-46.

[27] 沈舒婷.高校健美操教学中的形体训练研究[J].当代体育科技,2021,11(27):89-91.

[28] 翟梓淇,吴玉梅.健美操教学和训练中形体训练的运用初探[J].当代体育科技,2021,11(1):38-40.

[29] 王红英.形体训练在普通高校健美操教学中的应用效果研究[J].运动,2016,(16):98-99.

[30] 邓森悦.高校健美操教学训练一体化模式的研究[J].文体用品与科技,2022,(5):41-43.

[31] 赵媛.高校健美操教学训练一体化模式探析[J].当代体育科技,2021,11(28):113-115.

[32] 张轶星.高校健美操课堂教学与课外训练一体化模式探析[J].延边教育学院学报,2021,35(4):97-100.

[33] 张佳欣.高校健美操教学训练一体化模式研究[J].黑龙江科学,2021,12(1):122-123.

[34] 陈婷. 我国高校健美操教学训练一体化模式的构建措施研究[J]. 当代体育科技, 2020, 10（30）: 169-170, 173.

[35] 龙洋. 高校健美操教学训练一体化模式研究[J]. 当代体育科技, 2020, 10（17）: 45-46.

[36] 郭霞. 高校健美操课堂教学融合课外训练的一体化模式探究[J]. 江西电力职业技术学院学报, 2019, 32（6）: 40-41.

[37] 黎荣. 将形体训练与瑜伽融合在健美操教学中的实验[J]. 开封教育学院学报, 2014, 34（4）: 84-85.

[38] 甘意昊. 我国高校健美操高水平运动队可持续发展研究[D]. 上海: 华东师范大学, 2016.

[39] 毕然. 体教结合模式下高水平运动员学训矛盾问题探究[D]. 大连: 大连理工大学, 2019.

[40] 马驰. 黑龙江省高校高水平运动队训练教学一体化研究[D]. 牡丹江: 牡丹江师范学院, 2012.